The textbook + workbook + CD «Russian in an Easy Way» were designed specially for people, who came to work and live in CIS countries and would like to learn Russian as a foreign language, because over 285 million people speak Russian throughout the CIS. This course is for beginners, who have a very busy life in the office, at work or at home, but want to learn Russian to use in conversations, such as:

— greeting people;

— introducing yourself;

— asking about a subject and the meaning of words;

— asking prices in a shop, market or restaurant;

— ordering food in a restaurant;

— asking time and determining a time of your meeting;

— pointing the way to your residence;

— expressing your intention to do something;

— expressing your impressions about different things around you;

— speaking by telephone.

The main purpose of this course is to develop colloquial Russian in basic conversations in order to feel comfortable without an interpreter or an English-Russian phrase book. Therefore grammar material and reading just serve as a background for learning the language. This course also includes knowledge about the Russian alphabet and basic reading skills.

The structure of the course is very flexible. You can learn lesson by lesson or find the lesson, which will reflect your needs in daily situations and help you to express what you want to explain. Each lesson can be study independently.

You can study «Russian in an Easy Way» by yourself, but the best way to do this is with your teacher, who will support you with active teaching, where lessons are designed as a dialogue between the teacher and the student.

The glossaries at the end of both books give you an easy reference list of all the words used in each book.

This course «Russian in an Easy Way» is a result of experience of teaching languages in Western companies in CIS and has been used by students, employees of companies and their families. Russian language specialists, to help their practice in teaching Russian as a foreign language have also adopted the «Russian in an Easy Way».

I'd appreciate any comments and suggestions in improving next editions.

Gulnara Useinova

Гюльнара Усейнова
Тамара Рзаева

РУССКИЙ — ЭТО ПРОСТО

Курс русского языка для начинающих

РАБОЧАЯ ТЕТРАДЬ

2-е издание

Санкт-Петербург — Баку
«Златоуст» — КМТ

2013

Gulnara Useinova
Tamara Rzayeva

RUSSIAN IN AN EASY WAY

Russian language course for beginners

WORKBOOK

2nd edition

St. Petersburg — Baku
«Zlatoust» — KMT

 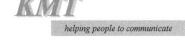

2013

УДК 811.161.1

Усейнова, Г.И., Рзаева, Т.О.
Русский — это просто. Курс русского языка для начинающих : рабочая тетрадь. — 2-е изд. — СПб. : Златоуст, 2013. — 216 с.

Useinova, G.I., Rzayeva, T.O.
Russian in an Easy Way. Russian language course for beginners : workbook. — 2nd ed. — St. Petersburg : Zlatoust, 2013. — 216 p.

ISBN 978-5-86547-417-3

Зав. редакцией: *А.В. Голубева*
Редактор: *И.В. Евстратова*
Корректор: *Д.В. Шаманский*
Верстка: *Л.О. Пащук*
Обложка: *А.Е. Ильин*

Рабочая тетрадь является частью учебного комплекса по русскому языку «Русский — это просто», предназначенного для англоговорящих иностранных специалистов. Она дополняет и расширяет материал учебника. Рекомендуется использовать как параллельно с основным учебником, так и для повторения и закрепления материала после завершения работы с основным курсом.

Для индивидуальных занятий в рамках начального разговорного курса на 40—60 часов.

Подготовка оригинал-макета: издательство «Златоуст».
Подписано в печать 16.10.12. Формат 60х90/8. Печ.л. 27. Печать офсетная. Тираж 3000 экз.
Код продукции: ОК 005-93-953005.

Санитарно-эпидемиологическое заключение на продукцию издательства Государственной СЭС РФ № 78.01.07.953.П.011312.06.10 от 30.06.2010 г.

Издательство «Златоуст»: 197101, Санкт-Петербург, Каменноостровский пр., д. 24, оф. 24.
Тел.: (+7-812) 346-06-68, факс: (+7-812) 703-11-79, e-mail: sales@zlat.spb.ru, http://www.zlat.spb.ru

«КМТ» предприятие с ограниченной ответственностью: AZ1025, Баку, Азербайджан, ул. Ю. Сафарова, д. 18/182.
Тел./факс: (+99412) 490-25-83, e-mail:office@kmt.az, http://www.kmt.az

Отпечатано в Китае.
C&C Joint Printing Co. (Beijing), Ltd.

Содержание

Introduction

The text-book "Russian in an Easy Way" has helped people learn Russian language for business, pleasure and for travel through concentrating on the simple and practical communication. This work-book "Russian in an Easy Way" is designed as an additional support material to the main text-book. Every lesson in the work book follows the plan of lessons in the text-book and reflects their topics and grammar patterns. Types of exercises include multiple choice questions and allow the students to choose a style of work according to their individual pace of study.

The small dictionary at the back of the workbook gives a translation of all new words presented in the exercises, the number next to the word indicates in which lesson this word appeared for the first time.

The workbook is designed for people who have limited time for their language study, therefore it is possible to write exercises directly into the workbook.

The workbook will help students to improve their linguistic knowledge and confidence for simple day-to-day communication in a short period of time and can also be used as a self-study material for students who want some extra practice.

This workbook has been produced as a result of KMT (Language Training Company) experience in teaching languages to expatriates of International companies in Baku city in Azerbaijan (www.kmt.az).

Предисловие

Рабочая тетрадь к учебнику «Русский — это просто» является дополнением к одноимённому учебнику и по своей структуре совпадает с темами, представленными в учебнике, но в более расширенном виде. Каждый урок включает серию упражнений, направленных на развитие и отработку темы и навыков, заявленных в соответствующем уроке учебника. В нем представлены и дополнительные темы, которые отсутствуют в базовом учебнике, как, например, отработка написания букв прописью в конце каждого урока. Рабочая тетрадь также преследует цель расширения словарного запаса и усложнения конструкций, заявленных в соответствующем уроке учебника.

Данное учебное пособие является результатом большого опыта авторов в преподавании русского языка как иностранного и прошло многолетнюю апробацию при обучении сотрудников международных компаний на языковых курсах в «КМТ» — компании по преподаванию иностранных языков в г. Баку в Азербайджане (www.kmt.az).

УСЛОВНЫЕ ОБОЗНАЧЕНИЯ

ЗАПОМНИТЕ! — грамматические или лексические темы, не представленные в основном пособии;

 — задания, в которых присутствуют усложнённые конструкции с опережением;

 — задания на обучение написанию изученных букв прописью;

 — слова, требующие внимания при употреблении.

Рекомендации для преподавателя / Teacher's guide

В уроках Рабочей тетради содержатся разные по сложности задания, что позволяет подобрать упражнение в соответствии с индивидуальными особенностями усвоения иностранного языка студентом. Так как «Русский — это просто» — комплекс, предназначенный для обучения взрослых деловых людей, у которых очень ограничено время для занятий, выполнять упражнения можно непосредственно в книге. Наличие перевода новых слов в упражнениях позволяет сэкономить время при выполнении заданий и сосредоточиться на самостоятельном построении фраз.

Наиболее объёмным по своему содержанию является урок 21, так как он направлен на отработку нового материала учебника и закрепление всех грамматических конструкций, отражённых в пособии.

Словарь в конце пособия включает в себя все слова, которые представлены в Рабочей тетради в качестве новых, и не повторяет слова из словаря основного пособия. Номер рядом с каждым словом обозначает, в каком уроке это слово встречается первый раз.

В пособие также включены задания на самостоятельное построение текстов с опорой на лексические заготовки и фотографии, которые могут быть использованы как раздаточные карты на занятиях в группе.

Условные обозначения указывают на характер заданий.

Урок 1 (один). Первый урок

LEARNING TO READ RUSSIAN

♦ *1) The first group contains five letters which are easy to learn:*

А (а) ⇨ [a]   **О (о)** ⇨ [o]   **К (к)** ⇨ [k]   **М (м)** ⇨ [m]   **Т (т)** ⇨ [t]

Practice (практика):

А   М   К   Т   О

акт	как *(how)*	Том	кто *(who)*
ма́-ма	там *(there)*	так *(so, well)*	тот *(that)*
мак *(poppy)*			кот *(Tom-cat)*

♦ *2) The second group contains seven letters which look like English ones but have different sounds:*

В (в) ⇨ [v]   **Е (е)** ⇨ [ye]   **Н (н)** ⇨ [n]   **Р (р)** ⇨ [r]
С (с) ⇨ [s]   **У (у)** ⇨ [oo]   **Х (х)** ⇨ [h]

Practice (практика):

Н   Е   С   Р

нос	**н**ет	**с**ок *(juice)*	ка́**р**-та *(map)*
то**н**	текст	ка́**с**-**с**а	ста**р**т
но́-мер *(number)*	ме**т**р	Мос**к**-ва́	мет-**р**о́
ко**н**-та́кт	те-а́тр		**р**а-ке́-та
	те**р**-**р**о́р		**р**е-сто-**р**а́н
	ко-ме́-та		те**р**-мо́-ме**т**р

У   В   Х

к**у**рс	**в**и-но́	са́-**х**ар
у́т-ро	**в**и́-за	те́**х**-ни-ка
ту-**у**ри́ст	**В**е́-на	**х**а-ра́к-тер
	буль-**в**а́р	
	а**в**-то-ма́т	

1

♦ *3) The third group contains thirteen letters which look unfamiliar but have familiar sounds:*

Б (б) ⇨ [b]	Г (г) ⇨ [g]	Д (д) ⇨ [d]	Ё (ё) ⇨ [yo]
З (з) ⇨ [z]	И (и) ⇨ [ee]	й ⇨ [y] boy	Л (л) ⇨ [l]
П (п) ⇨ [p]	Ф (ф) ⇨ [f]	Э (э) ⇨ [e]	Ю (ю) ⇨ [you]
Я(я) ⇨ [ya]			

Практика:

Б   Д   Ф   Я

Б	Д	Ф	Я
бар	**д**а	**ф**акт	**я**хта *(yacht)* *yhta*
банк	**д**ом	**ф**акс	Рос-си́-**я** *(Russia)*
брат *brother*	**д**иск	ко́-**ф**е	и-де́-**я**
ба-на́н *banan*	де-се́рт	ка-**ф**е́	ис-то́-ри-**я** *historia*
Ба-ку́ *baku*	до́к-тор	**ф**о́-то	**Я**-по́-ни-**я** *(Japan)*
ба-ле́т	во́д-ка	**ф**ут-бо́л	про-фе́с-си-**я**
би-ле́т *(ticket)*	ди-ре́к-тор	**ф**он-та́н	ин-фор-ма́-ци-**я** *informatsi*
ба́р-мен	ста-ди-о́н	бу-**ф**е́т	
хо́**б**-**б**и	дис-ко-те́-ка	сак-со-**ф**о́н	
та-**б**а́к		**ф**о-то-ап-па-ра́т	
бан-ко-ма́т *bankomat*			

И   П   Л   Г

И	П	Л	Г
ки-но́ *(cinema)*	**п**арк	**л**ифт	**г**ид *(guide)*
ту-ри́ст	**п**орт	**п**лан *plan*	**г**рамм *gram*
ра́-ди-о	**с**уп *sup.*	ла́м-па *lampa*	га-ра́ж *garage*
су-ве-ни́р	**с**порт	са-ла́т *salat*	ва-го́н *wagon*
ин-те-ре́с	**п**а́-па	ли-мо́н	а-ге́нт *agent*
Ин-тер-не́т	**с**пу́т-ник	кол-ле́га	Во́л-га *Volga*
кон-ти-не́нт	**п**а́с-**п**орт *passport*	бал-ко́н	ма-га-зи́н *magazin shop.*
у-ни-вер-си-те́т	о́-**п**е-ра *opera*	ли-мо-на́д *lemonade.*	си-га-ре́-та *cigarette.*
	а-э-ро-**п**о́рт *aeroport*		

Й ˙ᵢ **Э** ² **Ё** уо **Э** er **Ю** ˙уо

ма**й** (May)	**з**ал (hall)	мо-**ё** (my)	по-**э**т *port*	**ю**-мор *yomor = humor*
фле́й-та *foto + flute*	му-зе́й *muséo*	**ё**лка *yolka.* (fir-tree)	**э**-го-и́ст *egoist*	ме-н**ю** *menu*
хок-ке́й *hockey*	ва́-за *vasa*	парт-н**ё**р *partner*	эф-фе́кт *effect*	кос-т**ю**м *costum.*
йо́-гурт *yogurt.*	ви-зи́т *visit*	Гор-ба-чё́в *gorbachof*	си-лу-э́т *siuet silhuete escalator*	**ю**-би-ле́й *ubli* (jubilee)
во-лей-бо́л *volleyball*	о-а́-зис *oasis*		эс-ка-ла́-тор	ин-тер-в**ью** *interview*
	те-ле-ви́-зор *televisor*		э-ко-ло́-ги-я *ecologia*	

♦ 4) The last group contains eight letters which take longer to learn:

Ж (ж) ⇒ [zh] *je*   **Ц** (ц) ⇒ [ts] *tsi*   **Ч** (ч) ⇒ [ch] *chea.*   **Ш** (ш) ⇒ [sh] *she*

Щ (щ) ⇒ [shch] *shea*   **ы** ⇒ [i] *ui*   **ъ** — hard sign   **ь** — soft sign

Практика:

Ж ˙zh *boots*   **Ц** ˙ *TSI tsch*   **Ч** ˙ch *se check*   **Ш** ˙sh

га-ра́**ж** *garage.*	**ц**ентр *contr*	мат**ч** *match*	**ш**ок *shock*
ба-га́**ж**	прин**ц** *prince*	**ч**ай *chai*	**ш**анс *shans = chance*
жур-на́л *journal*	кон-**ц**е́рт *concert*	**Ч**а́п-лин *Chaplin*	фи́-ни**ш** *finish*
ин-**ж**е-не́р	Мо́-**ц**арт *Mozart*	**ч**ем-пи-о́н *champin*	**Ш**екс-пи́р *shakepear*
жур-на-ли́ст	ста́н-**ц**и-я *stanzia stahi*	**Ч**ай-ко́в-ский *chakofski*	**ш**о-ко-ла́д *chokolat*
ме́-нед-**ж**ер	ме-ди-**ц**и́-на *medicina*		ма-**ш**и́-на *machine*
	тра-ди́-**ц**и-я *tradicia tradita*		**ш**ам-па́н-ско-е *champaskoa*

Ы *oi*   **Ь**   **Ъ** *   **Щ** ˙ *shea*

му́-**зы**-ка *musika*	мат**ь** (mother)	об**ъ**-е́кт *obyekt object*	**щ**и (cabbage soup) *she shei*
му-**зы**-ка́нт	филь́м	суб**ъ**-е́кт	бор**щ**
м**ы** (we) *Mu*	Кремл**ь** *kremil*		Хру-**щ**ё́в *hershov crushov*
т**ы** (you informal) *Ti*	сол**ь** *salt sol.*		
В**ы** (you formal) *Ve*	биль-я́рд *billiard*		
м**ы**ш**ь** (mouse) *Mosh.*	ре-зуль-та́т *resultat*		
	ком-пью́-тер *computer*		
	ка-лен-да́р**ь** *kalendar*		

1

Упражнение 1. *Match the words. Соедините слова.*

1. бума́га (*д*)   а) pen   *rutska*
2. кни́га (*г*)   б) table   *stol*
3. ру́чка (*а*)   в) lamp   *lampa*
4. дом (*е*)   г) book   *kniga*
5. стол (*б*)   д) paper   *bomage*
6. ла́мпа (*в*)   е) house   *dom*

Упражнение 2. *Complete the following dialogues. Допишите диалоги.*

1. — До́брое у́тро!   *dobryi utra good morning*
   — __Доброе утро__
   — Как дела́?   *kak dela how you?*
   — Спаси́бо, хорошо́.   *thanks, good.*
   spasiba charaso.

2. — До́брый день!   *dobrí den*
   — До́брый день!
   — __Как дела?__
   — Норма́льно! А как вы?   *normalna*
   — Спаси́бо, отли́чно.   *athlina*

3. — __Добрый вечер__
   — До́брый ве́чер.   *dobrí viechar.*
   — Как дела́?
   — Отли́чно, спаси́бо. А как ты?
   — __Отлично, спасибо__

4. — Здра́вствуйте!   *stran steroche = hello*
   — __Здравствуите__
   — Как дела́?
   — __Отлично, большое спасибо__

Упражнение 3. *Match the phrases. Соедините фразы.*

1. До́брый день. (*д*)   *dobrí den*
2. Спаси́бо, хорошо́. (*е*)   *spariba charaso.*
3. До́брый ве́чер. (*в*)   *viechar*
4. Как дела́? (*б*)   *balshoye.*
5. Отли́чно, большо́е спаси́бо. (*ж*)
6. До́брое у́тро. (*г*)   *dobroia utra.*
7. Извини́те, пожа́луйста. (*а*)
   isvenitisa pazhalusta.

а) Excuse me please.
б) How are you?
в) Good evening.
г) Good morning.
д) Good afternoon.
е) Thank you, I am well.
ж) Excellent, thank you very much.

Упражнение 4. *Match the words to the pictures.*
Соедините слова и картинки.

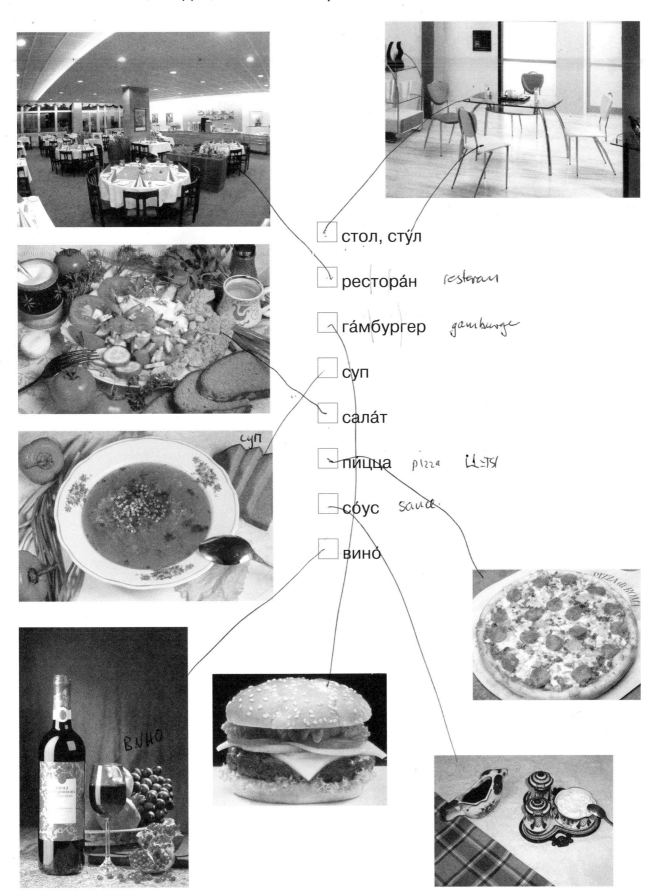

☑ стол, сту́л

☐ рестора́н   *resteran*

☐ га́мбургер   *gambuoge*

☐ суп

☐ сала́т

☐ пи́цца   *pizza*   ЦЕТЯ

☐ со́ус   *sauce*

☐ вино́

Урок 2 (два). Второй урок

Упражнение 1. *Look at the pictures and read the new words.*
Смотрите на фотографии и читайте новые слова.

óфис

кóмната   *room*

окнó

тýмбочка   *tumbochka*
(*file cabinet*)

шкаф   *schaf wardrob.*

стол

стул

телефóн

лáмпа

карандáш   *pen.*
karandash

часы́   *chasi clock*

календáрь   *kalendar*

пáпка

доскá

телеви́зор

кáрта

вéшалка   *Veshalka*

картѝна   *cartina*

Упражнение 2. *Make up questions to the words in bold.*
Поставьте вопросы к выделенным словам.

1. Это **картина**.   ~~kartina picture~~   ЧТО ЭТО ?
2. Это **папка**.   papka Jolder   ЧТО ЭТО ?
3. Это **вешалка**.   vreshelka   ЧТО ЭТО ?
4. Это **тумбочка**.   tumbochka   ЧТО ЭТО ?
5. Это **часы**.   ~~chas~~ clock   ЧТО ЭТО ?
                        chasi

Упражнение 3. *Check your Russian. Проверь себя.*

Как это по-английски?

по-русски	по-английски	по-русски	по-английски
видеокассета	video cassette	мобильный телефон	mobilne Mobile telephun
диплом	dyplom diploma	модель	model
документ	document	номер телефона	number
календарь	Calander	офис	ofic
калькулятор	kalkulyator/Calculatoul	принтер	printe
кассета	cassette	процессор	processor
класс	class	сертификат	certificate
компакт-диск	compact dиi	сканер	scanner
компьютер	computer	телевизор	televisor televisin
лазер	laser	телефон	telephun
лампа	lampa	фотография	photographia

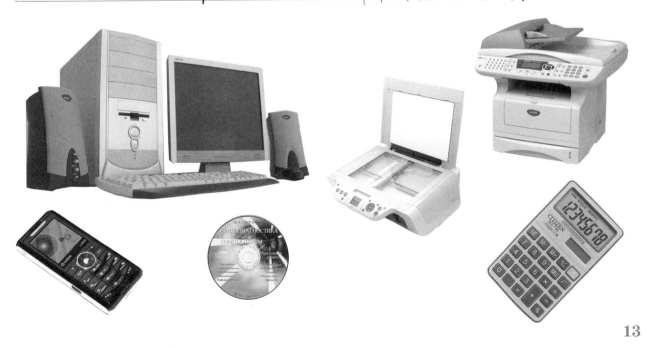

Упражнение 4. *Look at the map. Answer the questions.*
Посмотрите на карту и ответьте на
вопросы.

Росси́я, Москва́, Санкт-Петербу́рг, река́ *(river)* Во́лга,
Каспи́йское мо́ре

1. Что э́то?
Это _____ .
Это _____ ?
Да, э́то _____ .

2. Что э́то?
Это _____ .
Это _____ ?
Да, э́то _____ .

3. Что э́то?

Э́то _____ .

Э́то _____ ?

Да, э́то _____ .

4. Что э́то?

Э́то _____ .

Э́то _____ ?

Да, э́то _____ .

5. Что э́то?

Э́то _____ .

Э́то _____ ?

Да, э́то _____ .

2

Упражнение 5. *Check your Russian. Проверь себя.*

Как это по-английски?

по-русски	по-английски	по-русски	по-английски
администра́тор	administrator	консульта́нт	consultant
арти́ст	artist	курье́р	courier
ассисте́нт	assistant	ме́неджер (прое́кта)	manager
атле́т	athlet	медсестра́	medsitra nurst
бизнесме́н	businessman	мини́стр	minister
бухга́лтер	bucgalter account	офице́р (в а́рмии)	officer (in army)
гео́лог	geolog	поли́тик	politic
геофи́зик	geofizik	президе́нт	president
гимна́ст	gymnast	профе́ссор	professr
диплома́т	dyplomad	социо́лог	sosilog
дире́ктор	director	специали́ст	specalist
до́ктор	doctor	спортсме́н	spertsman
журнали́ст	jurnalist	стюарде́сса	sterudessa
капита́н	kapitan	такси́ст	taxist
коммента́тор	kommentator	экономи́ст	economist

Упражнение 6. *Make up questions to the words in bold.*
Поставьте вопросы к выделенным словам.

Homowa 2 Q

1. Это **ме́неджер прое́кта**.   ЭТО МЕНЕДЖЕР ПРОЕКТА?   КТО ЕТА
2. Это **администра́тор**.   ЭТО аДМНИСТРа́ТОР?
3. Это **актёр**.   ЭТО акТ0р?
4. Это **президе́нт**.   ЭТО ПРЕЗИДЕ́НТ?
5. Это **принц**.   ЭТО ПРИНЦ?

Упражнение 7. *Fill in the correct words as in the model. Use the words given below. Заполните пропуски примерами, данными ниже.*

Модель:

Это _____ . _____ зову́т Ла́ла.
Это **ассисте́нт**. **Её** зову́т Ла́ла.

Её   yego femal
ЕГО   yego male

16

STУДЕНТ *(handwritten)*

STУДЕНТКА. *(handwritten)*

homework (handwritten)

он		она́	
журнали́ст	*journalist (handwritten)*	журнали́стка	
спортсме́н		спортсме́нка	
актёр		актри́са	
принц		принце́сса	
певе́ц *(singer)*		певи́ца	*pievetsa (handwritten)*
тенниси́ст		тенниси́стка	
шахмати́ст *(chess player)*		шахмати́стка	

> **!** он или она́:
>
> ИНЖЕНЕ́Р
> ДО́КТОР
> ПРЕМЬЕ́Р-МИНИ́СТР
> ПРЕЗИДЕ́НТ

Это Pope *(handwritten)* .
ЕГО зову́т Paul *(handwritten)* .

Это ПРЕМЬÉR - МИНИСТР *(handwritten)* .
ЕГО зову́т ДМИТРИЙ МЕДВЕДЕВ *(handwritten)*
Это ПРЕЗИДÉНТ *(handwritten)* .
ЕГО зову́т ВЛАДИМИР *(handwritten)* .

Это ТЕННИСИТКА *(handwritten)* .
ЕЕ зову́т Шарапова *(handwritten)* .

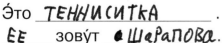

Это ПРИНЦÉССА *(handwritten)*
ЕЕ зову́т Diana *(handwritten)* .

Это ПРИНЦ ПЕВЕЦ *(handwritten)*
ЕГО зову́т ПРИНЦ *(handwritten)* .

2

Это ~~Иван~~ ПЕВЦА .
ЕЕ зовут ТИАНА .

Это АКТЁР .
ЕГО зовут МИКИ .

Это ПРИНЦ .
ЕГО зовут *Charles* .

Это АКТРИСА .
ЕЕ зовут УАНN .

Упражнение 8. *Write the questions for these answers, use the key words in bold.* Напишите вопросы к выделенным словам.

Модель:

— Что это?
— Это **картина**.

1. ЭТО ТОЖЕ КАРТИНА ?
   — Да, это **тоже картина**.   *as well / also тоже*

2. ЭТО ВИДЕОКАССЕТА?
   — Это **видеокассета**.

3. — ЭТО аудиокассета?
   — А это **аудиокассета**.   *A = And*

4. — ЭТО КАРТА?
   — Нет, это не карта. Это **календарь**.

5. — ЭТО БУМАГА?
   — Нет, это не бумага. Это **книга**.   *kuniga* *book*

6. _ЭТО МУЖЧИНА._

— Это **мужчйна**.   *this is a man   = men.*

7. _ОН АДМИНИСТРАТОР_

— Да, он **администра́тор**.   *yes he administrate*

8. _КАК ЕГО ЗОВУТ_   *КАК ЕГО ЗОВУТ*

— Его́ зову́т **Майкл**.   *his name is michael*

9. _Э ЭТО ИНЖЕНЕР ?_

— Нет, он не инженер. Он **экономи́ст**.   *he is not an engineer he is economist*

10. _ЭТО ДЕВУШКА._

— Это **де́вушка**.   *lady.   its a girl*

11. _КАК ЕЁ ЗОВУТ ?_   *kak yego. zavot*
zavot

— Её зову́т **Та́ня**.   *her name is Tanya*

12. _ОНА ДОКТОР._

— Она́ **до́ктор**.   *she is a doctor*   *to here.*

⭐ **Упражнение 9**. *a) Read the text and translate it. Complete the sentences.*
Прочитайте и переведите текст. Дополните предложения.

Это о́фис. В о́фисе стол. На столе́ бума́га, ру́чка, калькуля́тор, пе́пельница *(ashtray)*, стака́н *(glass)*. Сейча́с в о́фисе встре́ча. На встре́че дире́ктор, ме́неджер прое́кта, бухга́лтер, инжене́р, администра́тор и юри́ст *(lawyer)*. Они́ обсужда́ют *(they are discussing)* но́вый прое́кт. Спра́ва — юри́ст. Его́ зову́т _____. А э́то администра́тор. Его́ зову́т _____.
В це́нтре — дире́ктор. Его́ зову́т _____. На стене́ — схе́ма *(scheme)* и табли́ца *(table)*. Там инжене́р. Сле́ва — бухга́лтер и ме́неджер прое́кта. Их зову́т _____ и
_____.

б) In the above text find the words which answer **что?** *and* **кто?**.
В данном тексте найдите слова, которые отвечают на вопросы **что?** *и* **кто?**

в) Describe your office. Опишите ваш офис.

_____
_____
_____
_____
_____

Practice Your Handwriting

2

Упражнение 10. *Write in Russian.* Пишите по-русски.

$$K = \mathcal{K}$$

$$\text{к} = \varkappa$$

как _____	какáо _____
кóфе _____	класс _____
киóск _____	кóмната _____
Курск _____	Константи́н _____
Кёльн _____	Кóнан Дойль _____
Колýмбия _____	Калинингрáд _____

$$M = \mathcal{M}$$

$$\text{м} = \mathcal{M}$$

мáма _____	магази́н _____
лáмпа _____	проблéма _____
мýзыка _____	нóмер _____
Москвá _____	Майкл _____
Мадри́д _____	Мýрманск _____
Мари́я _____	Мéхико _____

Урок 3 (три). Третий урок

Упражнение 1. *Match the questions to the answers.*
Соедините вопросы и ответы.

1. Что это? (   )
2. Кто он? (   )
3. Скажите, пожалуйста, это ассистент? (   )
4. Это доктор? (   )
5. Это администратор? (   )
6. Как его зовут? (   )
7. Он консультант? (   )
8. Скажите, как по-русски «window»? (   )
9. Как вас зовут? (   )
10. Она переводчица? (   )

а) Да, это доктор.
б) Меня зовут Антон.
в) По-русски это «окно».
г) Нет, он студент.
д) Его зовут Александр.
е) Это офис.
ё) Он инженер.
ж) Да, она переводчица.
з) Извините, я не знаю.
и) Да, это он.

Упражнение 2. *Put these words in the right box.*
Распределите слова по колонкам.

Компьютер, менеджер, дом, окно, принтер, администратор, доктор, собака *(dog)*, кошка *(cat)*, книга, календарь, шофёр, переводчик, студент, медсестра, карта, офис, я, работа, проблема, они.

🐺 **Кто?**

_____
_____
_____
_____
_____
_____
_____
_____
_____
_____
_____

🏠 **Что?**

_____
_____
_____
_____
_____
_____
_____
_____
_____
_____
_____

Упражнение 3. *Check your Russian. Проверь себя.*

3

Как это по-английски?

по-русски	по-английски	по-русски	по-английски
академия		парк	
банк		пассаж	
бар		пиццерия	
библиотека		платформа	
бульвар		ресторан	
госпиталь		салон	
институт		стадион	
кафе		супермаркет	
кинотеатр		театр	
клуб		университет	
магазин		фабрика	
метро		фонтан	
музей		школа	

Упражнение 4. *Read. Читайте.*

— Что это?
— Это город.

— Что это?
— Это проспект.

— А что это?
— А это площадь.

— Что это?
— Это улица.

— Э́то теа́тр и́ли музе́й?
— Э́то не теа́тр, э́то музе́й.

— А э́то бульва́р?
— Да, э́то бульва́р.

Упражне́ние 5. *Read the new words and construct sentences with them.*
Читайте новые слова. Составьте с ними предложения.

го́род = city, town
проспе́кт = avenue
у́лица = street
пло́щадь = square
сквер = public garden
сад = garden
заво́д = plant, factory
универма́г = department store
больни́ца = hospital
цирк = circus
бассе́йн = swimming pool
светофо́р = traffic light

гости́ница = hotel
база́р = market
по́чта = postoffice
апте́ка = chemist
посо́льство = embassy
вокза́л = railway station
дворе́ц = palace
це́рковь = church
мече́ть = mosque
па́мятник = statue, monument
ка́сса = cashier, ticket office
собо́р = cathedral

Моде́ль:

— Скажи́те, пожа́луйста, где теа́тр о́перы?
— На у́лице Низами́.

— Скажи́те, пожа́луйста, где магази́н?
— Спра́ва.

1. _____
_____

2. _____
_____

3. _____

4. _____
_____

5. _____
_____

6. _____

3

ГДЕ?	
Место (place) **В**	**Событие** (event) **НА**
в шко́ле	на уро́ке
в университе́те	на ле́кции
в о́фисе	на рабо́те
в теа́тре	на бале́те
в посо́льстве	на приёме (reception)
в гости́нице	на встре́че (meeting)
в ба́нке	на презента́ции

Упражнение 6. *Use the preposition* **в** *or* **на**. *Используйте предлог* **в** *или* **на**.

ЗАПОМНИТЕ!

в или **на**?

на у́лице / на база́ре / на бульва́ре / на пло́щади

Но: в па́рке, в о́тпуске

на по́чте, на вокза́ле

---

1. Студе́нт ___ университе́те.
2. Студе́нтка ___ институ́те.
3. Теа́тр ___ це́нтре.
4. Друг ___ кафе́ ___ бульва́ре.
5. Ме́неджер ___ рабо́те.
6. Тури́ст ___ теа́тре ___ бале́те.
7. Президе́нт ___ о́фисе ___ презента́ции.
8. Я ___ кла́ссе ___ уро́ке.
9. Профе́ссор ___ аудито́рии ___ ле́кции.
10. Тури́стка ___ музе́е.
11. Шофёр ___ у́лице.
12. Маши́на ___ гараже́.
13. Администра́тор ___ гости́нице.
14. Подру́га ___ магази́не.
15. Инжене́р ___ платфо́рме.
16. Перево́дчик ___ о́тпуске (holiday/vacation) ___ Испа́нии.
17. Мини́стр ___ ба́нке ___ приёме.
18. Мы ___ встре́че ___ го́роде.
19. Они́ ___ апте́ке ___ вокза́ле.
20. Де́вушка ___ па́рке.

Новые слова:

шкаф = cupboard
у́гол = corner
аэропо́рт = airport

пол = floor
лес = forest
мост = bridge

ЗАПОМНИТЕ!	ЧТО?	ГДЕ?
	шкаф	в шкафу́
	у́гол	в углу́
	сад	в саду́
	лес	в лесу́
	аэропо́рт	в аэропорту́

1. Стул и ве́шалка в углу́.
2. Кни́га в шкафу́.
3. Маши́на на мосту́.
4. Ковёр *(carpet)* на полу́.

5. Кафе́ в саду́.
6. Ме́неджер в аэропорту́.
7. Дом в лесу́.

Упражне́ние 7. *Use the appropriate endings of nouns.*
Напишите правильные окончания.

1. Мой сын в университе́т___ .
2. Моя́ семья́ в А́нгли___ .
3. Мой ме́неджер в Шотла́нди___ .
4. Наш *(our)* инжене́р на заво́д___ .
5. Сейча́с преподава́тель *(teacher)* на уро́к___ .
6. Мой друг ве́чером в ба́р___ .
7. Дочь на стадио́н___ .
8. Маши́на на у́лиц___ .
9. Рестора́н «Макдо́налдс» на пло́щад___ .
10. Сейча́с жена́ в аэропо́рт___ .
11. Де́ньги в ба́нк___ .
12. Подру́га в спортза́л___ .
13. Докуме́нт в па́пк___ .
14. Па́пка в шкаф___ .

Упражнение 8. *Write down what do you see on the picture.*
Напишите, что вы видите на фотографии.

_____
_____
_____
_____
_____
_____
_____
_____
_____

⭐ **Упражнение 9. а)** *Read the text. Читайте текст.*

Óфис

Это óфис. В óфисе мой *(my)* стол и мой стул. На моём столé — компью́тер, телефóн и лáмпа. Тут бумáга, рýчка, карандáш и мáркер. На стенé — часы́, календáрь, кáрта, фотогрáфия и диплóм. Спрáва *(on the right)* шкаф. В шкафý кни́ги, пáпки и компáкт-ди́ски. Слéва *(on the left)* при́нтер и скáнер. В углý — вéшалка. В óфисе есть DVD-плéер, телеви́зор и магнитофóн *(tape-recorder)*.

б) *Answer the questions. Ответьте на вопросы.*

1. Это ваш *(your)* óфис?
2. Что на столé в óфисе?
3. Где кáрта и фотогрáфия?

4. Где шкаф, при́нтер и вéшалка?
5. А что в шкафý?

Упражнение 10. *Make up sentences as in the model.*
Напишите предложения по модели.

Модель:

ЧТО? / КТО?	ГДЕ?
1. Кни́га	на столé.
2. Мéнеджер	в óфисе.
3. Кóшка	в садý.

4. _____   7. _____   9. _____
5. _____   8. _____   10. _____
6. _____

Упражнение 11. *Write the questions for these answers, use the key words in bold. Напишите вопросы к выделенным словам.*

Модель:

— Где ме́неджер? _____
— Ме́неджер **в о́фисе**.

1. _____
— Сейча́с в о́фисе **уро́к**.

2. _____
— **Инжене́р** на конфере́нции.

3. _____
— Ме́неджер и ассисте́нт **на платфо́рме**.

4. _____
— В 5 часо́в **уро́к** в о́фисе.

5. _____
— **Подру́га** сейча́с на ры́нке.

6. _____
— Да, **кварти́ра в це́нтре го́рода**.

7. _____
— Друг сейча́с **на рабо́те**.

Упражнение 12. *Question words. Слова-вопросы.*
Select the appropriate question word from the box to complete the questions. Выберите нужный вопрос.

1. _____ о́фис?	кто
2. _____ вас зову́т?	что
3. _____ теа́тр о́перы и бале́та?	где
4. _____ биле́т на бале́т?	как
5. _____ здесь банк?	ско́лько сто́ит
6. _____ в о́фисе сейча́с?	ско́лько вре́мени *(how long)*
7. _____ по-ру́сски «lesson»?	
8. _____ на столе́?	
9. _____ её зову́т?	
10. _____ вы в Баку́?	

Упражнение 13. *Write the numbers. Напишите цифрами.*

Сколько?

пятна́дцать = 15

три́дцать во́семь = _____

девяно́сто два = _____

четы́ре = _____

со́рок де́вять = _____

пятьдеся́т = _____

двена́дцать = _____

двадца́ть пять = _____

три́дцать семь = _____

во́семьдесят шесть = _____

восемна́дцать = _____

шестьдеся́т три = _____

Упражнение 14. а) *Read this text. Читайте текст.*

Центр Баку́

Центр Баку́ — это у́лица Низами́, пло́щадь Фонта́нов и бульва́р.

В це́нтре Баку́ есть ста́рый го́род внутри́ кре́пости *(inside of the fortress)*. Это го́род VI–IX веко́в *(centuries)*. Пло́щадь Фонта́нов — это о́чень популя́рное ме́сто. На пло́щади Фонта́нов спра́ва — музе́й литерату́ры, фонта́ны, магази́ны. Сле́ва — гости́ница «Рэ́диссон» и рестора́н Макдо́налдс.

А это у́лица Низами́. Здесь спра́ва и сле́ва но́вые магази́ны, супермарке́ты и два теа́тра: теа́тр о́перы и бале́та и де́тский *(children's)* теа́тр.

б) *Answer the questions. Ответьте на вопросы.*

1. Где музе́й литерату́ры?
2. Где гости́ница ?
3. Где теа́тр о́перы и бале́та?

Practice Your Handwriting

Упражнение 15. *Пишите по-русски.*

$$T = \mathcal{T}$$

$$T = m$$

Том _____	**Т**ель-Ави́в _____
Тиффани _____	**Т**омск _____
Тама́ра _____	**Т**еха́с _____
стол _____	**с**танда́рт _____
стул _____	**т**ра́ктор _____
телефо́н _____	**т**елеви́зор _____

$$C = \mathcal{C}$$

$$c = c$$

Спарта́к _____	**С**ре́дняя А́зия _____
Са́удовская Ара́вия _____	**С**иби́рь _____
Слова́кия _____	**С**анкт-Петербу́рг _____
Сидне́й _____	**С**ама́нта _____
сейча́с _____	**с**осе́д *(neighbor)* _____
светофо́р _____	**с**паси́бо _____
систе́ма _____	**с**ча́стье _____
се́вер *(north)* _____	**с**обо́р _____

Урок 4 (четыре). Четвёртый урок

Упражнение 1. *Check your Russian. Проверь себя.*

Как это по-английски?

по-русски	по-английски	по-русски	по-английски
бана́н	banan	ко́фе	coffee
банке́т	baket = banquet	ликёр	liquer
бефстро́ганов	beaf stroganof	лимо́н	limon
бульо́н	bulon = bullion	лимона́д	limonad
бутербро́д	butterbrod = sandwich	майоне́з	muyonere
буты́лка	butelka = bottle	омле́т	omlet
буфе́т	butet	пе́пси-ко́ла	pepsi cola
винегре́т	*Russian salad with beetroot* vinnerert	пи́во	peva = beer
вино́	vino	пи́цца	pizza
виногра́д	vikograde grapes	проду́кт(ы) *praduktie*	product = food
вода́	voda = water	сала́т	salat
во́дка		са́хар	sachar = sugar
га́мбургер	gamburger	сок	sok = juice
грана́т	granite pomigrant	соль	sol = salt
десе́рт	desert	со́ус	sous = sauce
джин	dgin	суп	sup
йо́гурт	youghrt	то́ник	tonic
ке́тчуп	hetkhup	тост	tost
ко́ка-ко́ла		фру́кты	frukt = fruit
коньяк	conquac	шампа́нское	champashikoya *Sylloda*
котле́та	katleta = meatball	шокола́д	chockolade

Упражнение 2. *Use the correct form of pronouns and use one of the above words to finish the sentences.* Напишите правильные формы местоимений и закончите предложения, используйте слова из упражнения 1.

МЯСО measo meat
ХЛЕБ helb bread.

1. (Я) ~~ВИ~~ МНЕ _____ на́до купи́ть _____ .   monge nado kupit
2. (Ты) ТЕБЕ _____ на́до купи́ть _____ .

need to buy

НÁДО *nada = need.*

3. (Он) ___ ЕМУ ___ нáдо купи́ть _____ .

nada ~~kopia~~

4. (Она) ___ ЕЙ ___ нáдо купи́ть _____ .

5. (Мы) ___ НАМ ___ нáдо купи́ть _____ .

kapich

6. (Вы) ___ ВАМ ___ нáдо купи́ть _____ .

7. (Они́) ___ ИМ ___ нáдо купи́ть _____ .

Упражнение 3. *Answer the questions.* Ответьте на вопросы.

Модель:

— Ско́лько сто́ит гáмбургер?

skolka.

— Гáмбургер сто́ит _____ éвро.   *yevra*

_____ рубле́й.   *rubles*

_____ до́лларов.   *dollar*

1. Ско́лько сто́ит _____ ?

— _____ сто́ит _____ .

2. Ско́лько сто́ят _____

и _____ ?

— _____ и _____

сто́ят _____ .

3. Ско́лько сто́ят _____ ?

— _____ .

Упражнение 4. *Fill in the table. Заполните таблицу.*

где?	что?	стоит	сколько?
В магазине	пиво	стоит	
В супермаркете	кока-кола		
В Англии	вино		
	гамбургер		
	молоко		
На рынке *(market)*	фрукты	стоят	
	овощи *(vegetable)*		

Упражнение 5. *Write the questions for these answers, use the key words in bold. Напишите вопросы к выделенным словам.*

Модель:

— У вас есть информация?

— Да, **у нас есть** информация.

1. _____

— Да, в театре **сегодня балет**.

2. _____

— Балет сегодня **в 7 часов**.

3. _____

— Билет стоит **25 рублей**.

4. _____

— Да, **у нас есть** билет на *(for)* сегодня.

5. _____

— Пицца стоит **52 рубля**.

6. _____

— Да, **в кассе есть** билеты.

7. _____

— Презентация в офисе **в 2 часа**.

8. _____

— Да, мне **надо купить** фрукты.

9. _____

— Да, я **занят** сегодня.

Упражнение 6. *Write some telephone numbers and read them.*
Напишите несколько номеров телефонов и прочитайте их.

что	№ телефона	что	№ телефона
милиция	02	пожа́рная (fire station)	01
аэропо́рт		такси́	
музе́й		о́фис	
посо́льство		кварти́ра	
теа́тр		моби́льный	

Упражнение 7. *Fill in the blanks using words from the box.*
Заполните пропуски словами из рамки.

1. Профе́ссор. У _____ есть _____ .
2. Вы. У _____ есть _____ .
3. Студе́нтка. У _____ есть _____ .
4. Роди́тели. У _____ есть _____ .
5. Мы. У _____ есть _____ .
6. Шофёр. У _____ есть _____ .
7. Я. У _____ есть _____ .
8. Подруга. У _____ есть _____ .

кварти́ра
проблéма
кни́га
уро́к
маши́на
рабо́та
де́ти
друг

Упражнение 8. *Use the correct form of these pronouns.*
Поставьте слова в правильной форме.

1. (Я) _____ есть информа́ция.
2. (Ты) _____ есть биле́т в теа́тр.
3. (Он) _____ есть кварти́ра.
4. (Она́) _____ есть друг.
5. (Мы) _____ есть но́мер телефо́на.
6. (Вы) _____ есть гара́ж.
7. (Они́) _____ есть дом в А́нглии.

Упражнение 9. *Match questions and answers.* Соедините вопросы и ответы.

1. У вас есть де́ти? (   )   а) Нет, у неё нет.
2. У неё есть брат? (   )   б) Да, у них есть рабо́та.
3. У него́ есть уро́к сего́дня? (   )   в) Да, у меня́ есть де́ти.
4. У них есть рабо́та? (   )   г) Да, у него́ есть уро́к.
5. У тебя́ есть проблéма? (   )   д) Нет, у меня́ нет.

Упражнение 10. *Fill in the following constructions below.*
Заполните таблицы по образцу.

У кого? (Who has?)	Где?		Что?
У меня	в офисе		компьютер.
		есть	

Когда?	У кого?		Что?	Где?
Сегодня	у нас		встреча	в центре города.
Утром				
В 2 часа				
		~~есть~~		

Упражнение 11. *Answer the questions. Use the pictures.*
Ответьте на вопросы. Используйте фотографии.

1. Что у вас есть в городе? _____

2. Что у вас есть на улице? _____

3. Что у вас есть в офисе? _____

4. Что у вас есть дома? _____

5. Что у вас есть в шкафу? _____

6. Что у вас есть на столе? _____

7. Что у вас есть в холодильнике *(refrigerator)*? _____

8. Что у вас есть в гараже? _____

9. Кто у вас есть в семье? _____

4

> **Note:** The word НАДО you have to use with infinitive (see the exercise 2 on page 30), but sometimes you can use the colloquial form without it as in the models of exercises 12 and 13.

Упражнение 12. *Make up the dialogues as in the model.*
Составьте диалоги по модели.

Модель:

— Вам на́до вино́? — <u>Спаси́бо, не на́до. У меня́ есть.</u>

1. — Ему́ на́до телефо́н? _____
2. — Ей на́до де́ньги? _____
3. — Тебе́ на́до биле́т? _____
4. — Нам на́до компью́тер? _____
5. — Им на́до о́фис? _____
6. — Вам на́до а́дрес? _____

Упражнение 13. *Make up the sentences as in the model.*
Составьте предложения по модели.

Модель:

Я — такси́ — маши́на. — <u>Мне не на́до такси́. У меня́ есть маши́на.</u>

1. Ты — я́блоко — бана́н. _____
2. Он — дом — кварти́ра. _____
3. Она́ — пи́во — вино́. _____
4. Мы — стул — дива́н. _____
5. Вы — уро́к — встре́ча. _____
6. Они́ — ко́фе — чай. _____

Упражнение 14. а) *Read the text. Читайте текст.*

Презента́ция

Ме́неджер прое́кта о́чень за́нят сего́дня. У него́ встре́ча в о́фисе в 2 часа́. О́фис в це́нтре го́рода на пло́щади. Сейчас 1 час 30 мину́т. У него́ ма́ло вре́мени. Ему́ на́до взять *(to take)* такси́.

В о́фисе есть конфере́нц-ко́мната. Тут (есть) прое́ктор, компью́тер, экра́н *(screen)*, ска́нер и при́нтер. В компью́тере у него́ есть сла́йды, схе́ма, ка́рта, табли́ца и видеофи́льм.

На презента́ции на́до показа́ть *(to show)* но́вый прое́кт. На встре́че 3 дире́ктора, 2 ме́неджера, 5 инжене́ров и 2 экономи́ста. У них есть вопро́сы.

б) *Answer the questions. Ответьте на вопросы.*

1. Кто о́чень за́нят?
2. Что у него́ в 2 часа́?
3. Где о́фис?
4. Ско́лько у него́ вре́мени?
5. Что ему́ на́до?
6. Что есть в конфере́нц-комнате?
7. Кто на встре́че?

Упражнение 15. *Create a text. Составьте текст.*

мотоцикл

лекция

яхта

бизнес-центр

бассейн

урок

стадион

офис

квартира

профессор

доктор

банкир

политик

инструктор

экономист

Это бизнесмен.
Его зовут Пётр.
У него есть работа
в Азербайджане.
У него есть квартира,
работа и машина.

спортсмен

инженер

миллионёр

менеджер

адвокат

банк

дом

гараж

вилла

клиника

фабрика

Practice Your Handwriting

Упражнение 16. Пишите по-русски.

$$A = \mathcal{A} \qquad\qquad O = \mathcal{O}$$
$$a = \alpha \qquad\qquad o = \mathcal{o}$$

а́рк**а** _____

а́дрес_____

а́рмия _____

арти́ст _____

аэро́бик**а** _____

аэропо́рт _____

А́нн**а**_____

Алжи́р _____

А́фрик**а**_____

Аме́рик**а** _____

Амстерда́м _____

Азербайджа́н _____

окно́ _____

обе́д *(lunch)* _____

ко́фе _____

удо́бн**о** *(comfortable)* _____

о́во**щ**и_____

оли́вки _____

О́скар _____

О́мск_____

О́сл**о** _____

Ома́н_____

О́ливер_____

Олимпиа́да *(Olympic games)* _____

Мы так говорим:

Сколько лет, сколько зим!
(How many summers, how many winters =
I have not seen you for ages (for such a long time).)

Урок 5 (пять). Пятый урок

Упражнение 1. *Match the words and read the phrases.*
Соедините слова и прочитайте словосочетания.

ЧТО?

1. Теа́тр «Ла Ска́ла» (   )
2. Кра́сная пло́щадь (   )
3. Колизе́й (   )
4. Музе́й «Эрмита́ж» (   )
5. Биг Бэн (   )
6. Музе́й «Лувр» (   )
7. Музе́й «Кремль» (   )

ГДЕ?

а) в Ло́ндоне
б) в Москве́
в) в Мила́не
г) в Пари́же
д) в Росси́и
е) в Санкт-Петербу́рге
ж) в Ита́лии

Упражнение 2. *Insert the appropriate forms of the pronouns.*
Напишите правильную форму местоимений.

Модель:

(Я) Э́то ____ . ____ зову́т _____ . У ____ есть семья́.
Э́то **я**. **Меня́** зову́т **Мари́я**. У **меня́** есть семья́.   *have family*

1. (Ты) Э́то _ТЫ_ . _ЕГО_ зову́т _ДАВЕ_ . У _НЕГО_ есть иде́я.   *idea*
2. (Он) Э́то _ОН_ . _ЕГО_ зову́т _МАИК_ . У _НЕГО_ есть пробле́ма. *problema*
3. (Она́) Э́то _ОНА́_ . _ЕЁ_ зову́т _АННА_ . У _НЕЁ_ есть прое́кт.   *yeyo.*
4. (Мы) Э́то _Моi_ . _НАС_ зову́т _ТАНЯ_ и _ЛИЗА_ .
   У _НАС_ есть дом, маши́на и гара́ж.
5. (Вы) Э́то ____ . ____ зову́т _____ . У ____ есть уро́к.
6. (Они́) Э́то ____ . ____ зову́т _____ , _____ и _____ .
   У ____ есть карти́на и сувени́р.
7. (Я) Э́то ____ . ____ зову́т _____ . У ____ есть рабо́та.

Упражнение 3. *Match the questions to the answers.*
Соедините вопросы и ответы.

1. Как его́ зову́т? (е)
2. Где ва́ша семья́ сейча́с? (д)
3. Кто он? (г)
4. Э́то ваш о́фис? (а) *your*
5. Кто э́то на фотогра́фии? (б)
6. Ско́лько ему́ лет? (в)

а) Да, э́то мой о́фис.
б) Э́то моя́ ма́ма и мой па́па.
в) Ему́ со́рок пять лет.
г) Он инжене́р.
д) Сейча́с она́ на да́че *(summer house)*.
е) Его́ зову́т Анто́н.

5

Упражнение 4. *Answer the questions about the photograph using the words given on the right.* Ответьте на вопросы, используйте слова справа.

Это фотогра́фия семьи́.

> **где?**
> сле́ва *(on the left)*
> спра́ва *(on the right)*

- Где па́па? Как его́ зову́т?
- Где ма́ма? Как её зову́т?
- Это роди́тели. Как их зову́т?

- Где дочь (сестра́)? Как её зову́т?
- Где сын (брат)? Как его́ зову́т?

Упражнение 5. *Sort these nouns into masculine, feminine and neuter and put them in the correct category.* Распределите слова по колонкам: **он, она, оно**.

маши́на	дива́н	хокке́й	у́тро	**слова́рь**	**ночь**
зда́ние	тётя *(aunt)*	кре́сло	дя́дя *(uncle)*	**дверь**	**тетра́дь**
кни́га	компа́ния	го́род	музе́й	**календа́рь**	*(exercise-*
ме́сто	а́дрес	собра́ние	вино́	**автомоби́ль**	*book)*
кварти́ра		*(big meeting)*	му́зыка	**семья́**	

Он: а́дрес
_____
_____
_____
_____
автомоби́ль
_____

Она: маши́на
_____
_____
_____
_____
ночь
_____

Оно: у́тро
_____
_____
_____
_____
_____
_____

Упражнение 6. *Translate into Russian. Переведите на русский язык.*

your (informal) _____ виза	her _____ машина
your (formal) _____ паспорт	his _____ проблема
their _____ багаж	my _____ ключ *(key)*
your (informal) _____ друг	my _____ журнал
his _____ книга	her _____ тетрадь
our _____ встреча	your (informal)_____ календарь
their _____ офис	his _____ подруга
his _____ чай	our _____ материал
her _____ урок	your (formal) _____ торт
my _____ время *(time)*	our _____ менеджер
your (informal) _____ деньги	my _____ идея
his _____ работа	her _____ дети
their _____ родители	your (formal) _____ квартира
your (formal) _____ место *(place, seat)*
your (informal) _____ номер телефона

Упражнение 7. *Complete the sentences. Допишите предложения.*

— Это _____ офис?

— Да, это _____ офис.

— Это _____ письмо *(letter)*?

— Нет, это не _____ письмо.

— Чья книга на столе?

— _____ книга.

— Чьё это яблоко?

— Это _____ яблоко.

— Это _____ ручка?

— Да, это _____ ручка.

— Чей папа в офисе?

— _____ .

— Чей документ на принтере?

— _____ .

— Чьи это проблемы?

— Это _____ проблемы.

Упражнение 8. *Make up the sentences as in the model.*
       Составьте предложения по модели.

Модель: У меня есть дом. **Это мой дом.**

1. У нас есть адвокат. _____

2. У тебя есть идея. _____

3. У вас есть вилла. _____

4. У них есть дети. _____

5. У неё есть дочь. _____

6. У него есть сын. _____

7. У меня есть семья. _____

Упражнение 9. *Complete the sentences using the correct pronouns.*
Допишите предложения, используйте подходящие по смыслу местоимения.

Это _____ семья́. Здесь _____ да́ча.

Это де́ти. Это _____ ба́бушка.

Это _____ па́па. Это _____ сестра́.

Это де́вочка . Это _____ дочь. Это ма́льчик. Это _____ брат.

Это _____ подру́га. Это _____ брат. Это _____ друг.

Они́ сего́дня на да́че. Они́ отдыха́ют *(rest)*.

Упражнение 10. *Fill in the blanks using words from the box.*
Заполните пропуски словами из рамки.

1. _____ у меня́ есть уро́к.
2. _____ мне на́до купи́ть проду́кты *(food)*.
3. _____ у меня́ встре́ча.
4. _____ у меня́ уро́к в 10 часо́в.
5. _____ в Баку́ был *(was)* конце́рт.
6. _____ я до́ма.
7. _____ мы на рабо́те в о́фисе.
8. _____ о́пера в теа́тре.
9. _____ футбо́л по телеви́зору.
10. _____ я о́чень за́нят(а) в о́фисе.
11. _____ я рабо́таю *(I work)* мно́го.
12. _____ я в ба́ре ве́чером.
13. _____ здесь нет пи́ва.
_____ не говори́ *(say)* никогда́.
14. _____ у меня́ мно́го рабо́ты.
15. _____ у меня́ есть иде́я.

сейча́с
сего́дня
за́втра
послеза́втра
вчера́
у́тром
днём
ве́чером
но́чью
ка́ждый день
всегда́
иногда́
никогда́
обы́чно
по́зже

Упражнение 11. *Read the dialogue. Fill in the appropriate word. Use the words given below.* Читайте диалог, заполните пропуски словами, данными ниже.

В гостя́х

— Познако́мьтесь! *(Please, meet!)* Э́то мои́ го́сти *(guests)*. Э́то колле́ги му́жа. Э́то Алекса́ндр. Он _____ . А э́то его́ жена́. Её зову́т А́нна. Она́ то́же *(also)* колле́га му́жа. Она́ _____ .

— О́чень прия́тно!

— Э́то Никола́й и Мари́я. Э́та па́ра *(couple)* — на́ши друзья́. Никола́й _____ в компа́нии. Его́ жена́ _____ . Она́ рабо́тает *(works)* в медици́нской компа́нии.

— О́чень ра́ды! *(Very glad!)*

— А э́то мой преподава́тель. Её зову́т _____ . Она́ _____ .

— О́чень прия́тно.

— Мне то́же *(me too)* о́чень прия́тно.

эконо́мист, секрета́рь, администра́тор, медсестра́, профе́ссор

Упражнение 12. *Create some texts.* Составьте тексты.

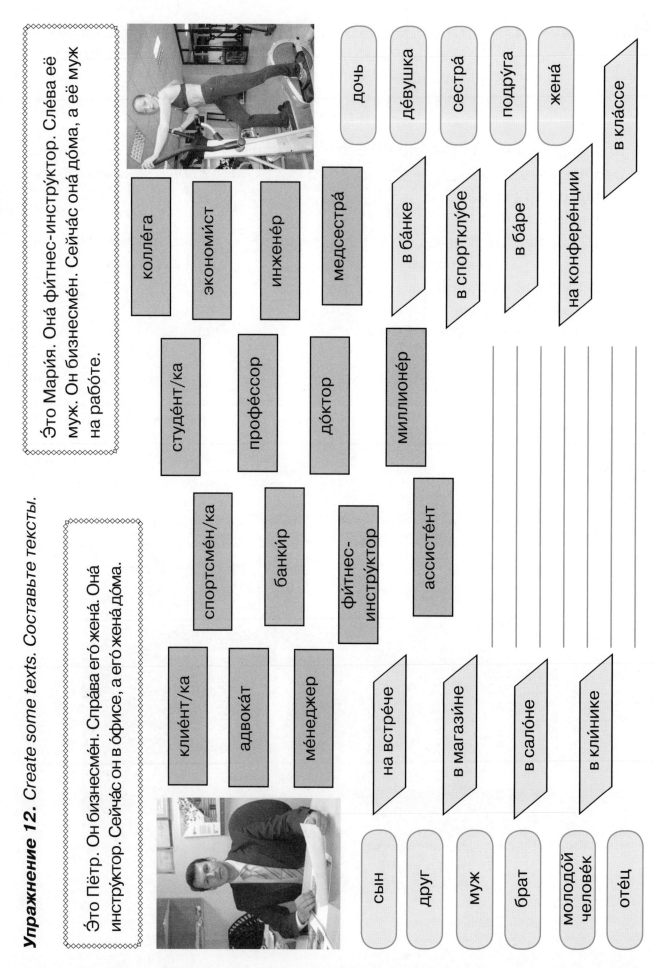

Это Мария. Она фитнес-инструктор. Слева её муж. Он бизнесмен. Сейчас она дома, а её муж на работе.

Это Пётр. Он бизнесмен. Справа его жена. Она инструктор. Сейчас он в офисе, а его жена дома.

дочь

девушка

сестра

подруга

жена

в классе

коллега

экономист

инженер

медсестра

в банке

в спортклубе

в баре

на конференции

студент/ка

профессор

доктор

миллионер

спортсмен/ка

банкир

фитнес-инструктор

ассистент

клиент/ка

адвокат

менеджер

на встрече

в магазине

в салоне

в клинике

сын

друг

муж

брат

молодой человек

отец

Practice Your Handwriting

Упражнение 13. *Пишите по-русски.*

Н = *Н*

н = *н*

нет _____

наш _____

универма́г _____

Ни́на _____

Ната́ша _____

Ниага́ра _____

инжене́р _____

ме́неджер _____

институ́т _____

Нева́ _____

Норве́гия _____

Новосиби́рск _____

Л = *Л*

л = *л*

ла́мпа _____

стол _____

стул _____

соль _____

Джон Ле́ннон _____

Ли́нда _____

Ло́ндон _____

бульва́р _____

сало́н _____

лимо́н _____

пло́щадь _____

Люксембу́рг _____

Ливерпу́ль _____

Луа́нда _____

Мы так говорим:

Скажи́, кто твой друг, и я скажу́, кто ты.
(Tell me who is your friend and I will tell you who you are.)

Вре́мя — де́ньги.
(Time is money.)

Урок 6 (шесть). Шестой урок

Упражнение 1. *Check your Russian. Проверь себя.*

Как это по-английски?

по-русски	по-английски	по-русски	по-английски
балко́н		лифт	
буфе́т		ме́бель	
ва́за		пиани́но	
гара́ж		ра́дио	
дива́н		сувени́р	
интерье́р		телеви́зор	
кабине́т		телефо́н	
календа́рь		терра́са	
ка́рта		туале́т	
коридо́р		фотогра́фия	
ла́мпа		эта́ж	

Упражнение 2. *Write the appropriate words for the following pictures.* Напишите названия к фотографиям комнат.

Э́то _____

Э́то _____

Это _____

Это _____

Это _____

Это _____

Упражнение 3. *Make the nouns in Plural using the given model.*
Напишите слова во множественном числе.

ОН	**ОНА́**	**ОНО́**
клуб — клу́б**ы**	ка́рта — ка́рт**ы**	кре́сло — кре́сл**а**
шкаф — _____	карти́на — _____	сло́во — _____
сувени́р — _____	гости́ница — _____	окно́ — _____
биле́т — _____	ва́за — _____	ме́сто — _____
спортза́л — _____	газе́та — _____	письмо́ — _____
проспе́кт — _____	шко́ла — _____	яйцо́ — _____
вопро́с — _____	кварти́ра — _____	вино́ — _____
план — _____		
конфли́кт — _____		
докуме́нт — _____		
фильм — _____		

6

ОН	ОНА́	ОНО́
словáрь — словари́	ночь — нóчи	я́блоко — я́блоки
календáрь — _____	дверь — _____	
автомоби́ль — _____	детáль — _____	
секретáрь — _____	плóщадь — _____	
гость — _____		
дождь (rain) — _____		
фестивáль — _____		
стиль — _____		

ОН	ОНА́	ОНО́
диалóг — диалóги	кни́га — кни́ги	мóре — моря́
язы́к — _____	фáбрика — _____	здáние — _____
диск — _____	аптéка — _____	предложéние — _____
урóк — _____	подрýга — _____	(sentence)
парк — _____	дéвочка — _____	
сок — _____	дéвушка — _____	
банк — _____	коллéга — _____	
орéх (nut) — _____	библиотéка — _____	
геóлог — _____		
биóлог — _____		

ОН	ОНА́	ОНО́
áдрес — адресá	фотогрáфия — фотогрáфии	
пáспорт — _____	лéкция — _____	
вéчер — _____	экскýрсия — _____	
гóрод — _____	ситуáция — _____	
дóктор — _____	организáция — _____	
профéссор — _____	стáнция — _____	
глаз — _____		
дом — _____		
нóмер — _____		
óтпуск — _____		

ОН	ОНА́	ОНО́
этáж — этажи́	семья́ — сéмьи	
карандáш — _____	ня́ня — _____	
врач — _____	идéя — _____	
пляж — _____	тётя — _____	
товáрищ — _____		
гарáж — _____		
музéй — _____		

ОН	ОНА́	ОНО́

стул — сту́лья

де́рево — _____

брат — _____

муж — _____

сын — _____

друг — _____

Упражнение 4. а) *Answer the questions.* Отве́тьте на вопро́сы.

1. У вас есть дом? Где ваш дом?
2. У вас есть кварти́ра? Ва́ша кварти́ра в це́нтре?
3. У вас есть балко́н
          кабине́т   │   в кварти́ре?
          столо́вая │   в до́ме *(in the house)*?
          коридо́р   │
4. Ва́ша ва́нная спра́ва в коридо́ре и́ли сле́ва?
   А где кабине́т?
   А где столо́вая?
   А где спа́льня?
   А где гости́ная?
5. Где ва́ши спа́льни: наверху́ и́ли внизу́?
6. Что в до́ме наверху́?
7. Что в до́ме внизу́?
8. В до́ме оди́н и́ли два этажа́?

оди́н	**одна́**
балко́н	ку́хня
эта́ж	гости́ная
два	**две**
этажа́	спа́льни
туале́та	ку́хни

б) *Describe your apartment (or your house).*
   Опиши́те свою́ кварти́ру (свой дом).

_____

_____

_____

_____

_____

_____

_____

_____

_____

_____

Упражнение 5. *Make the plural form from the given phrases.*
Образуйте множественное число данных словосочетаний.

Модель:

Мой дом — <u>мои дома́</u>

1. Твой а́дрес — _____
2. Ваш о́фис — _____
3. Наш друг — _____
4. Его́ гости́ница — _____
5. Её письмо́ — _____
6. Их автомоби́ль — _____
7. Моя́ пробле́ма — _____
8. Твоя́ подру́га — _____
9. Ва́ша экску́рсия — _____
10. На́ша иде́я — _____
11. Его́ я́блоко — _____
12. Её брат — _____
13. Их окно́ — _____
14. Мой колле́га — _____

Упражнение 6. *Find one out. Найдите лишнее слово в каждом ряду.*

гости́ная	гара́ж	дива́н	кре́сло	ковёр
столо́вая	стол	стул	вино́	па́спорт
ку́хня	стол	ру́чка	холоди́льник	стул
спа́льня	компью́тер	крова́ть	шкаф	ковёр
кабине́т	телефо́н	де́рево	стол	стул
ва́нная	шампу́нь	гель	карти́на	зе́ркало

Упражнение 7. *Write nouns in the plural form.*
Напишите слова во множественном числе.

1. В ко́мнате шкаф__, стол__ и сту́л__.
2. На фотогра́фии сёстр__ и бра́т__.
3. В институ́те на уро́ке студе́нт__, студе́нтк__ и преподава́тел__.
4. На по́лке кни́г__ , тетра́д__ и словар__.
5. На столе́ карандаш__ и ру́чк__, журна́л__, газе́т__ и пи́сьм__.
6. В суббо́ту у меня́ уро́к__, ле́кци__ и экску́рси__.
7. В кни́ге предложе́ни__, слов__, бу́кв__.
8. Мне на́до купи́ть фру́кты: я́блок__, бана́н__ и апельси́н__.

Упражнение 8. *Read the text. Change the plural forms to the singular and write a new text.*

Прочитайте текст. Образуйте формы единственного числа слов во множественном числе. Напишите новый текст.

Эта большая комната — наш офис. В комнате около стены — шкафы, в центре офиса — столы,

ЦВЕТОК *(flower)* — ЦВЕТЫ́
ЧАСЫ́ *(hours)* — ЧАСЫ́ *(watch, clock)*

стулья. В углу — принтеры и сканеры. На окне — красивые цветы. На столах — журналы, газеты, книги, папки, документы, факсы и письма. Здесь ручки, маркеры и карандаши.

Это мой стол. Справа на столе — ноутбук и телефоны. На стене — часы, календари, карты и картины. Вот магнитофон и аудиокассеты. В офисе — секретари, курьеры, переводчики, администраторы, инженеры, менеджеры, экономисты, геологи и преподаватели.

Эта большая комната — наш офис. _____

_____

_____

_____

_____

Это мой стол. _____

_____

_____

_____

⭐ **Упражнение 9.** *What is the weather today? Какая погода сегодня?*

Новые слова:

прохла́дно = cool
хо́лодно = cold
тепло́ = warm
жа́рко = hot
плюс = plus
ми́нус = minus

ду́ет ве́тер = wind blows
све́тит со́лнце = sun is shining
идёт дождь = it 's raining
идёт снег = it is snowing
тума́н = mist, fog

6

Упражнение 10. *Fill in the blanks using words from the box.*
Заполните пропуски словами из рамки.

ка́ждый день
иногда́
у́тром
днём
ве́чером
ле́том
о́сенью
зимо́й
весно́й
обы́чно
сейча́с
пото́м
по́зже

1. _____ у меня́ мно́го рабо́ты.
2. _____ у меня́ есть рабо́та _____.
3. _____ я в о́фисе _____.
4. _____ я в Росси́и.
5. За́втра я в о́фисе _____ .
6. _____ в Баку́ жа́рко.
7. _____ в Азербайджа́не иногда́ тепло́,
иногда́ прохла́дно.
8. _____ в Норве́гии о́чень хо́лодно.
9. _____ _____ прохла́дно.
10. _____ я за́нят до́ма, _____ у меня́
встре́ча в о́фисе.

Упражнение 11. *Write the questions for these answers, use the key words in bold. Напишите вопросы к выделенным словам.*

Моде́ль:
   — Где стои́т шкаф? _____
   — Шкаф стои́т **спра́ва**.

1. _____
   — Стол стои́т **сле́ва**.

2. _____
   — В ко́мнате в углу́ **ками́н**.

3. _____
   — **Сего́дня** на у́лице тепло́.

4. _____
   — Сейча́с в Норве́гии **хо́лодно**.

5. _____
   — В Киеве тепло́ **весно́й и о́сенью**.

6. _____
   — Обы́чно в А́нглии ле́том **прохла́дно**.

7. _____
   — **Ле́том** в Каи́ре всегда́ жа́рко.

Упражнение 12. *Complete the sentences as in the example.*
Закончите предложения по образцу.

Где?	Как?
На у́лице	хо́лодно.
	хорошо́.
	тепло́.
	прохла́дно.
	со́лнце.

6

Когда?	Где?	Как?
Сейча́с	на у́лице	хо́лодно.
У́тром		
Ве́чером		
Днём		
Сего́дня		
Ле́том		
Зимо́й		

Упражнение 13. *Complete the sentences with an appropriate word.*
Закончите предложения, используя подходящие слова.

1. _____ пло́щадь, у́лица и парк.
2. У нас _____ сего́дня в _____ часо́в.
3. В о́фисе столы́, сту́лья и _____.
4. Ваш дире́ктор в кабине́те? Нет, он _____.
5. Сейча́с у меня́ _____, пото́м _____.
6. Ка́ждый день на́ши друзья́ _____.
7. Сего́дня на у́лице отли́чно: тепло́, температу́ра _____ гра́дусов.
8. В ко́мнате на стене́ портре́т. На портре́те наш _____.
9. Где ваш ме́неджер? Извини́те. Я не зна́ю. Мо́жет быть, он _____.
10. На фотогра́фии моя́ семья́. Мой оте́ц _____. Моя́ мать
    _____.

Practice Your Handwriting

Упражнение 14. *Пишите по-русски.*

У = $\mathcal{Y}$

у = y

университе́т _____
у́жин _____
универма́г _____
тури́ст _____
у́тро _____
ку́рс _____
Уэ́льс _____
Урсу́ла _____
Ура́л _____
Уругва́й _____

Д = $\mathcal{D}$

д = g

дом _____
друг _____
день _____
дива́н _____
де́вушка _____
дере́вня _____
Дон _____
Дуба́й _____
Ду́блин _____
До́нальд _____
Да́стин Хо́ффман _____

Это интересно!

английская буква **J** = русские буквы **Дж**

Джон Ле́ннон

Джем

Килиман**дж**а́ро

джи́нсы

Джейн О́стин

джаз

Азербай**дж**а́н

Джу́лия Ро́бертс

Джеймс

джу́нгли

Мы так говорим:

Семья́ — э́то семь я.

(Family is seven I's.)

Семья́ вме́сте, так и душа́ на ме́сте.

(Family together means their soul is peaceful.)

Урок 7 (семь). Седьмой урок

Упражнение 1. *Match the answers to the questions.*
Соедините вопросы и ответы.

1. Ваш друг переводчик? (   )
2. Дэ́вид англича́нин? (   )
3. Вы зна́ете, где гости́ница «Евро́па»? (   )
4. Ле́том в Баку́ тепло́? (   )
5. Ско́лько сто́ит биле́т в Санкт-Петербу́рг и обра́тно *(back)*? (   )
6. Когда́ ваш самолёт *(airplane)* в Ло́ндон? (   )
7. Когда́ ва́ше собра́ние в понеде́льник? (   )

а) Извини́те, я не зна́ю.
б) Нет, жа́рко.
в) Да, он переводчик.
г) В 5 часо́в утра́.
д) На́ше собра́ние в 10 часо́в.
е) Биле́т сто́ит 450 до́лларов.
ж) Нет, он америка́нец.

Упражнение 2. *Fill in the blanks using words from the box in the appropriate form.*
Заполните пропуски словами из рамки в нужной форме.

1. _____ у меня́ собра́ние в о́фисе.
2. _____ мне на́до купи́ть проду́кты в це́нтре.
3. _____ ве́чером я о́чень за́нят.
4. _____ мой ме́неджер и я на конфере́нции.
5. _____ ве́чером мои́ друзья́ в ба́ре.
6. _____ у нас экску́рсия.
7. _____ я не за́нят, у меня́ есть вре́мя.

понеде́льник
вто́рник
среда́
четве́рг
пя́тница
суббо́та
воскресе́нье

Упражнение 3. *Answer the questions.* Отве́тьте на вопро́сы.

1. У вас есть вечери́нка *(evening party)* в суббо́ту?

_____

2. У вас есть конфере́нция в сре́ду?

_____

3. Обы́чно футбо́л в воскресе́нье у́тром и́ли днём?

_____

4. Когда́ ва́ша встре́ча в пя́тницу?

_____

5. Вам на́до рабо́тать *(to work)* в понеде́льник?

_____

6. Тебе́ на́до купи́ть проду́кты в четве́рг?

_____

7. Вам на́до купи́ть биле́ты в теа́тр во вто́рник?

_____

Упражне́ние 4. *Find the adjectives in these sentences.*
                Найди́те прилага́тельные в э́тих предложе́ниях.

1. Э́то краси́вый календа́рь.
2. У нас удо́бный о́фис.
3. У него́ краси́вая подру́га.
4. Гобуста́н — э́то уника́льное ме́сто в Азербайджа́не.
5. В библиоте́ке есть ста́рые кни́ги.
6. Э́то отли́чная иде́я.
7. У нас но́вый прое́кт.
8. У меня́ ва́жная *(important)* встре́ча сего́дня.
9. У вас есть францу́зское вино́?
10. Компью́тер — у́мная маши́на.

Упражне́ние 5. *Write the adjectives in the correct form.*
                Напиши́те прилага́тельные в пра́вильной фо́рме.

но́вый

_____ дом	_____ ка́рта
_____ зда́ние	_____ журна́лы
_____ па́спорт	_____ сло́во
_____ ви́за	_____ газе́ты

ста́рый

_____ го́род	_____ сло́во
_____ иде́я	_____ газе́ты
_____ програ́мма	_____ журна́л

интере́сный

_____ музе́й	_____ систе́ма
_____ хо́бби	_____ челове́к
_____ кни́га	_____ кана́л *(channel)*

краси́вый

_____ костю́м	_____ мо́ре
_____ маши́на	_____ мужчи́на
_____ го́род	_____ же́нщина

большо́й

_____	прое́кт	_____	кварти́ра
_____	кре́сло	_____	маши́ны
_____	рестора́н	_____	перспекти́ва

ма́ленький

_____	магази́н	_____	кафе́
_____	карти́на	_____	кварти́ры
_____	упражне́ние	_____	ребёнок

бе́лый

_____	костю́м	_____	бума́га
_____	вино́	_____	маши́ны
_____	флаг	_____	зда́ние

Упражне́ние 6. _Write the adjectives in the correct form._
Напишите прилагательные в правильной форме.

(молодо́й) _____ челове́к	(глу́пый) _____ ма́льчик
(ста́рый) _____ мужчи́на	(у́мный) _____ де́душка
(до́брый) _____ ба́бушка	(злой) _____ соба́ка
(удо́бный) _____ дива́н	(тяжёлый) _____ бага́ж
(лёгкий) _____ уро́к	(кра́сный) _____ вино́
(серьёзный) _____ мужчи́на	(краси́вый) _____ кварти́ра
(стро́гий) _____ профе́ссор	(све́тлый) _____ костю́м
(кра́сный) _____ икра́	(весёлый) _____ кло́ун
(чёрный) _____ икра́	(тёплый) _____ шарф
(бе́лый) _____ ро́за	(тру́дный) _____ упражне́ние
(хоро́ший) _____ журнали́ст	(до́брый) _____ у́тро
(горя́чий) _____ суп	(холо́дный) _____ пого́да

Упражнение 7. Match the words and read the phrases.
Соедините слова и прочитайте словосочетания.

Упражнение 8. Complete the phrases with the correct form of the adjective.
Составьте фразы, используя правильную форму
прилагательных.

1. _____ пло́щадь   (кра́сный)
2. _____ дом   (бе́лый)
3. мой _____ друзья́   (хоро́ший)
4. _____ апельси́ны   (ора́нжевый)
5. _____ встре́ча   (ва́жный)
6. _____ лимо́н   (жёлтый)
7. _____ крокоди́л   (зелёный)
8. _____ мече́ть   (голубо́й)
9. _____ но́чи   (бе́лый)

Упражнение 9. а) Find the opposite. Найдите антонимы.

молодо́й   холо́дный   глу́пый   горя́чий

у́мный   ста́рый   злой   лёгкий

до́брый   тёмный   тру́дный   све́тлый

б) *Make up the sentences using these adjectives.*
   Придумайте предложения, используйте эти прилагательные.

_____

_____

_____

_____

Упражнение 10. *Insert the right word. Вставьте нужное слово.*

1. У вас есть _____ мороженое?

2. Дайте, пожалуйста, _____ соус.

3. Сколько стоит _____ вода?

4. Мне надо _____ сок.

5. Где можно купить _____ хлеб?

6. Это _____ рыба?

7. Принесите *(bring me)* _____ пиво, пожалуйста.

8. Вот _____ вино, возьмите, пожалуйста.

| свежий *(fresh)* |
| ванильный |
| минеральный |
| острый *(hot, spicy)* |
| холодный |
| чёрный |
| красный |
| апельсиновый |

Упражнение 11. *Read these texts. Write about your city.*
   Читайте тексты. Напишите о вашем городе.

Москва

Москва — это административный, политический, экономический и культурный центр России.

Центр Москвы — это Кремль и Красная площадь, улица Тверская. В центре города есть Театральная площадь. На площади — Большой театр и Малый театр.

Большой театр — это театр оперы и балета. Малый театр — это театр драмы.

Санкт-Петербург

Санкт-Петербу́рг — э́то культу́рный центр Росси́и. Центр го́рода — э́то музе́й Эрмита́ж, Ру́сский музе́й, Марии́нский теа́тр (о́перы и бале́та), краси́вый Не́вский проспе́кт. В Санкт-Петербу́рге есть больши́е и ста́рые дворцы́.

Баку́

Баку́ — э́то столи́ца Азер-байджа́на. Э́то экономи́ческий, администрати́вный, полити́ческий и культу́рный центр страны́ (country). Э́то и ста́рый, и совреме́нный (modern) го́род. Здесь есть университе́ты, теа́тры, музе́и, рестора́ны, кафе́ и магази́ны. В це́нтре о́чень совреме́нные краси́вые зда́ния, но́вые би́знес-це́нтры, хоро́шие гости́ницы и джаз-клу́бы. О́коло мо́ря зелёный бульва́р и ла́зерные фонта́ны.

_____
_____
_____
_____
_____

⭐ **Упражне́ние 12.** *Write a story about your friend using these words and expressions. Составьте рассказ о друге. Используйте слова и словосочетания.*

Отли́чный специали́ст, на рабо́те, молодо́й инжене́р в компа́нии, о́чень за́нят, ве́чером в ба́ре, краси́вая де́вушка, у него́ есть, удо́бная кварти́ра, спорти́вная маши́на, больша́я ко́мната, но́вая карти́на, ста́рые фотогра́фии, интере́сное хо́бби, хоро́ший би́знес, в о́фисе.

_____
_____
_____

Упражнение 13. *Fill in the circles with the correct colours.*
             Закрасьте нужным цветом.

бе́лый	◯	кра́сный	◯
чёрный	◯	жёлтый	◯
ора́нжевый	◯	зелёный	◯
голубо́й	◯	си́ний	◯
кори́чневый *(brown)*	◯	се́рый *(grey)*	◯
бе́жевый	◯	ро́зовый	◯

7

Упражнение 14. *Write your plans for a week.*
             Напишите о своих планах на неделю.

Когда?	Кто?	Где?
В понеде́льник	я	в о́фисе.

Когда?	на́до купи́ть	Что?
Во вто́рник		

Когда?		Что?	Где?
В сре́ду		конфере́нция	в о́фисе.
	~~есть~~		

Когда?	у меня́ ~~есть~~	Что?
В четве́рг	у меня́	уро́к.

Когда?	Где?	Какой?	Что?
В пя́тницу	по телеви́зору	интере́сный	фильм.

Когда?	Чей?	Что?
В суббо́ту	мой	день рожде́ния.

Упражнение 15. *Insert the right colours of the subject.*
Впишите правильные цвета каждого предмета.

МО́РЕ

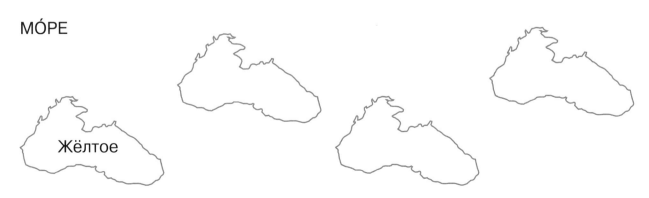

Жёлтое

ВИНО́

СВЕТОФО́Р
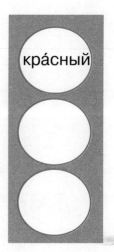

ро́зовое

ЯБЛОКО

ИКРА́

зелёное

чёрная

Practice Your Handwriting

Упражнение 16. *Пишите по-русски.*

$$П = \mathbb{T}$$
$$п = n$$

Пари́ж _____   Португа́лия _____
Пу́шкин _____   Пётр Пе́рвый _____
Пикади́лли _____   Помпе́я _____

па́па _____   па́пка _____
парк _____   пя́тница _____
пи́цца _____   понеде́льник _____
подру́га _____

Мы так говорим:

Понеде́льник — день тяжёлый.
(Monday is a hard day.)

**Ма́ленькие де́ти — ма́ленькие пробле́мы,
больши́е де́ти — больши́е пробле́мы.**
*(Little children are little problems, big children
are big problems.)*

Урок 8 (восемь). Восьмой урок

Упражнение 1. *Read these phrases and translate them into English.*
Прочитайте и переведите на английский язык.

по-русски	по-английски
активные дети	
энергичная женщина	
типичная квартира	
эмоциональный человек	
интересное кино	
агрессивные политики	
талантливый артист	
тактичный друг	
идеальный муж	
серьёзный студент	
административный район *(district)*	
экономический прогресс	
политическая дискуссия	
туристическое бюро	
исторический музей	
культурный центр	
религиозные люди	
элегантный мужчина	
престижная работа	
странный человек	
официальный визит	

Упражнение 2. *Complete the sentences using words given in the box.*
Напишите предложения, используйте слова, данные в рамке.

1. Мне нра́вится _____ .
2. Тебе́ нра́вится _____ .
3. Ему́ нра́вятся _____ .
4. Ей нра́вится _____ .
5. Нам нра́вятся _____ .
6. Вам нра́вится _____ .
7. Им нра́вятся _____ и _____ .

лю́ди
мо́ре
база́р
му́зыка
рестора́ны
пого́да
кита́йская *(Chinese)* еда́
туре́цкий рестора́н

8

Упражнение 3. *Use the correct form of personal pronouns.*
Напишите правильную форму местоимений.

1. (я) _____ нра́вится о́пера.
2. (ты) _____ нра́вится ро́к-му́зыка?
3. (он) _____ нра́вится ко́фе?
4. (она́) _____ нра́вится Пари́ж?
5. Где (вы) _____ нра́вится отдыха́ть?
6. (мы) _____ нра́вится игра́ть в те́ннис.
7. (они́) _____ нра́вится наш го́род?

Упражнение 4. *Use the correct pronouns.*
Напишите нужные местоимения.

1. _____ рабо́та**ю** в о́фисе.
2. На уро́ке _____ чита́**ем** слова́ и текст.
3. _____ обе́да**ешь** в рестора́не в суббо́ту?
4. _____ зна́**ют**, когда́ бале́т в теа́тре.
5. _____ рабо́та**ешь** за́втра?
6. Извини́те, _____ рабо́та**ете** в гости́нице?
7. _____ гуля́**ем** *(stroll)* на пло́щади ве́чером.
8. Обы́чно _____ обе́да**ем** в о́фисе в час.
9. Что _____ обы́чно де́ла**ет** ве́чером?
10. Где _____ отдыха́**ете** ле́том?
11. _____ де́ла**ет** гимна́стику ка́ждое у́тро.

Упражнение 5. *Complete the verbs with the correct endings.*
Напишите правильные окончания глаголов.

1. Мой мéнеджер рабóта____ в óфисе в суббóту ýтром.
2. — Когдá вы зáвтрака____ в воскресéнье?
   — В воскресéнье мы зáвтрака____ пóздно *(late)*.
3. Сейчáс они рабóта____ в Бакý.
4. Я дýма____, нáши друзья́ отдыхá____ в горáх *(in the mountains)*.
5. Мы мнóго рабóта____ сейчáс, потомý что у нас нóвый проéкт.
6. Обы́чно я ýжина____ дóма.
7. Моя́ подрýга читá____ журнáлы ýтром.
8. Ты знá____ англи́йский язы́к?
9. Он хорошó знá____ рýсский язы́к.
10. Вы отдыхá____ на Рождествó *(Christmas)*?

Упражнение 6. a) *Answer the questions using the following words.*
Ответьте на вопросы, используйте следующие слова.

Азербайджáн	**азербайджáнский**	Итáлия	**итальянский**
Áзия	**азиáтский**	Китáй *(China)*	**китáйский**
Амéрика	**америкáнский**	Мéксика	**мексикáнский**
Востóк *(East)*	**востóчный**	Россия	**рýсский**
Грýзия	**грузи́нский**	Таилáнд	**тáйский**
Еврóпа	**европéйский**	Тýрция *(Turkey)*	**турéцкий**
Йндия	**инди́йский**	Фрáнция	**францýзский**
Испáния	**испáнский**	Япóния *(Japan)*	**япóнский**

Какóй ресторáн вам нрáвится?	**Какáя кýхня** *(cuisine)* вам нрáвится?	**Какóе блюдо** *(dish)* / **винó** вам нрáвится?
инди́йск**ий**	инди́йск**ая**	инди́йск**ое**

б) *Tell about restaurants in your city.*
   Расскажите о ресторанах в вашем городе.

Упражнение 7. *Match the questions to the answers.*
                    Соедините вопросы и ответы.

1. Что тебе нравится в городе? (   )
2. Что ты делаешь вечером? (   )
3. Вы работаете в субботу? (   )
4. Ты читаешь тексты по-русски? (   )
5. Вы слушаете русское радио? (   )
6. Вы понимаете по-русски? (   )
7. Ты играешь в теннис? (   )

а) Я отдыхаю вечером.
б) Нет, я не играю.
в) Да, я читаю тексты по-русски на уроке.
г) Да, сейчас мы уже *(already)* немного понимаем по-русски.
д) Люди и погода.
е) Иногда я слушаю радио в машине.
ж) К сожалению *(unfortunately)*, я работаю.

Упражнение 8. *Read these sentences and add your own examples. Прочитайте предложения и добавьте ваши собственные примеры.*

1. — Почему ваш коллега сейчас в Лондоне?
   — У него там командировка *(business trip)*.
2. — Где ваша семья обычно ужинает в пятницу вечером?
   — Обычно мы ужинаем в ресторане в центре города.
3. — Ваши гости знают, где театр оперы и балета в городе?
   — Нет, ещё *(yet)* не знают.
4. — Что ты делаешь завтра вечером?
   — Ничего.
5. — Что ваш сын обычно делает вечером?
   — Он играет на компьютере или читает журнал.
6. — Вы читаете тексты дома?
   — Да, читаю, когда у меня есть время.

_____

_____

_____

_____

_____

_____

_____

_____

_____

Упражнение 9. *Read the conversation and fill in the blanks with the pronouns from the box. Читайте диалог и вставляйте местоимения из таблицы.*

А: Добрый день. Вы _____ новый английский консультант?

Б: Да. А вы?

А: Я _____ ассистент. _____ зовут Мария.

Б: Очень приятно.

А: _____ семья тоже здесь?

Б: _____ жена здесь.

А: _____ жена работает ?

Б: Да, она работает в клинике.

А: _____ врач?

Б: Нет, она медсестра.

А: _____ есть дети?

Б: Да, _____ есть дети. _____ дети в Лондоне. _____ дочь—студентка. _____ 18 лет. _____ зовут Елизавета. _____ сын — школьник. _____ зовут Антон. _____ только 12 лет. А _____ есть семья?

Б: Нет, ещё нет *(not yet)*. Я не замужем *(I am not married)*. Но есть родители, брат и сестра.

А: Где _____ дом?

Б: _____ дом недалеко *(not far from)* от центра.

моя
её
ваша
наш
ваш
меня
наши
сй
ваш
у вас
она
мой
наш
у нас
ему
наша
его
у вас
ваша

ЗАПОМНИТЕ!   **мужчина женат** = *married (for man)*
женщина замужем = *married (for woman)*

Упражнение 10. *Answer the questions using words in the correct form. Ответьте на вопросы, используйте слова в правильной форме.*

1. — Почему вам нравится / не нравится ваша квартира?
   — Потому что она _____ .   большой / маленький
   светлый / тёмный
   удобный / неудобный
   холодный / тёплый

2. — Почему́ вам нра́вятся / не нра́вятся рестора́ны?

— Потому́ что они́ _____ .   большо́й / ма́ленький

дорого́й /дешёвый

хоро́ший / плохо́й

ста́рый / но́вый

8

3. — Почему́ вам нра́вится / не нра́вится ваш го́род?

— Потому́ что он _____ .   большо́й / ма́ленький

краси́вый / некраси́вый

чи́стый / гря́зный (*clean / dirty*)

совреме́нный /

несовреме́нный

4. — Почему́ вам нра́вятся / не нра́вятся лю́ди здесь?

— Потому́ что они́ _____ .   до́брый / злой

бога́тый /бе́дный (*rich / poor*)

гостеприи́мный (*hospitable*) /

негостеприи́мный

весёлый / невесёлый /

гру́стный (*sad*)

хоро́ший / плохо́й

Упражнение 11. *Find one out. Найдите лишнее слово в каждом ряду.*
Модель:

	кни́га	журна́л	ру́чка	слова́рь
а)	брат	мать	преподава́тель	оте́ц
б)	пять	два	тетра́дь	во́семь
в)	футбо́л	баскетбо́л	ша́хматы (*chess*)	волейбо́л
г)	инжене́р	па́спорт	гео́лог	администра́тор
д)	о́фис	докуме́нт	крова́ть	компью́тер
е)	конве́рт	ма́рка (*stamp*)	телефо́н	письмо́

Упражнение 12. *Write the questions for these answers, use the key words in bold.* Напишите вопросы к выделенным словам.

Модель:

— Когда́ вы рабо́таете?

— Я рабо́таю **у́тром и днём**.

1. _____

— Мы рабо́таем **в компа́нии** «КМТ».

2. _____

— Он рабо́тает ве́чером, **когда́ у него́ мно́го рабо́ты**.

3. _____

— В воскресе́нье мы **отдыха́ем**.

4. _____

— Колле́ги рабо́тают **хорошо́**.

5. _____

— Сейча́с они́ рабо́тают **в Росси́и**.

6. _____

— Нет, сего́дня **у меня́ нет вре́мени**.

7. _____

— У меня́ есть **интере́сная кни́га**.

8. _____

— На уро́ке он **чита́ет**.

9. _____

— Они́ отдыха́ют в Испа́нии **ле́том**.

10. _____

— Де́ти игра́ют в футбо́л **на стадио́не**.

11. _____

— Сего́дня **мои́ друзья́** у́жинают в рестора́не.

Упражнение 13. *Look at the pictures and complete the sentences.*
Посмотрите на фотографии и закончите предложения.

8

1. _____ хорошо́ игра́ет _____ .
2. _____ непло́хо игра́ет _____ .
3. _____ отли́чно игра́ют _____ .
4. Я хочу́ игра́ть _____ .
5. Мне нра́вится игра́ть _____ .
6. _____ хорошо́ игра́ют _____ .
7. Ему́ на́до игра́ть _____ , потому́ что за́втра
у него́ экза́мен.

Упражнение 14. *Create some texts. Составьте тексты.*

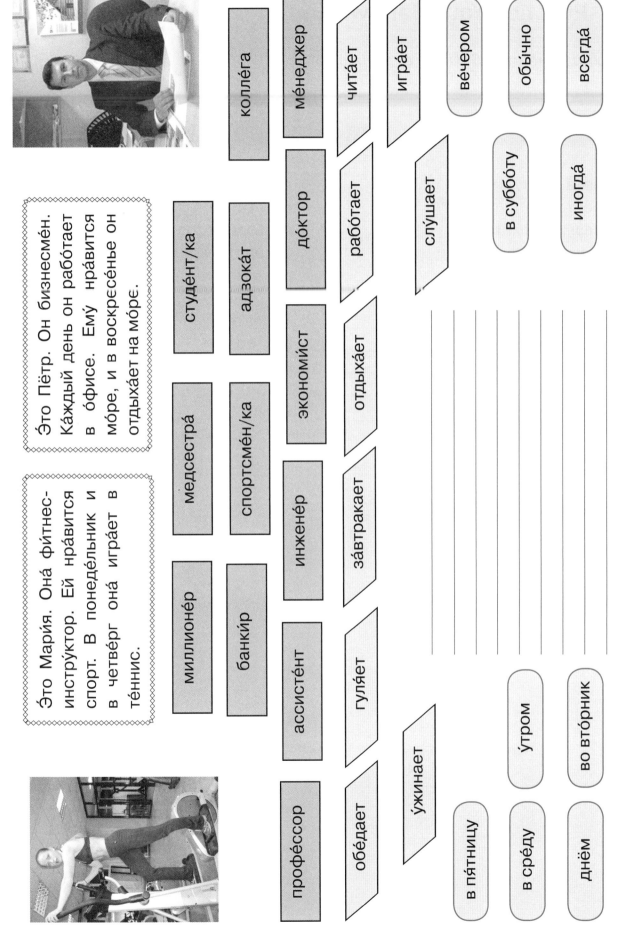

Это Пётр. Он бизнесмён. Каждый день он работает в офисе. Ему нравится море, и в воскресенье он отдыхает на море.

Это Мария. Она фитнес-инструктор. Ей нравится спорт. В понедельник и в четверг она играет в теннис.

коллега

менеджер

читает

играет

вечером

обычно

всегда

студент/ка

адвокат

доктор

работает

слушает

в субботу

иногда

медсестра

спортсмен/ка

экономист

отдыхает

миллионер

банкир

инженер

завтракает

ассистент

гуляет

ужинает

утром

во вторник

профессор

обедает

в пятницу

в среду

днём

Practice Your Handwriting

Упражнение 15. *Пишите по-русски.*

$$\textbf{P} = \mathcal{P}$$

$$\textbf{p} = p$$

рекá *(river)* _____
ресторáн _____
размéр *(size)* _____
рýчка _____
рутúна_____

Рúга _____
Рождествó_____
Рим _____
Румы́ния_____
Рейн_____

ром _____
ракéта_____
разговóр *(conversation)* _____
реконстрýкция _____
револю́ция _____

Россúя _____
Роттердáм _____
Руслáн _____
Рóджер_____
Райса _____

8

Урок 9 (девять). Девятый урок

Упражнение 1. *Match the questions to the answers.*
Соедините вопросы и ответы.

1. Вы лю́бите гото́вить? ( )
2. Что вы де́лаете в воскре́сенье? ( )
3. Что ваш друг де́лает ве́чером? ( )
4. В воскресе́нье вы спи́те мно́го? ( )
5. Почему́ ваш друг не спеши́т? ( )

6. Вы мо́жете гото́вить пи́ццу? ( )
7. Ва́ши друзья́ хотя́т пое́хать *(go)* в Ло́ндон? ( )

а) Смотрю́ телеви́зор и отдыха́ю.
б) Да, они́ хотя́т.
в) Да, мно́го.
г) Нет, не люблю́.
д) Нет, я могу́ гото́вить то́лько *(only)* макаро́ны.
е) Потому́ что он не лю́бит спеши́ть.
ж) Обы́чно он игра́ет с детьми́ *(with children)* и смо́трит телеви́зор.

Упражнение 2. *Write the sentences and put given words in the correct order.*
Напишите предложения, расположите слова в правильном порядке.

1. зову́т, Майкл, меня́ _____
2. инжене́р, он _____
3. сейча́с, живу́, в Баку́, я _____
4. игра́ю, иногда́, в те́ннис, я, вре́мя, в свобо́дное _____
5. за́нят, обы́чно, весь день, в о́фисе, мой колле́га _____
6. нра́вится, мне, здесь, жить _____
7. по-ру́сски, я, сейча́с, говорю́ _____
8. говори́ть, хо́чет, по-ру́сски, хорошо́, о́чень, мой друг _____

Упражнение 3. *Write the appropriate pronouns.*
Напишите нужные местоимения.

1. _____ говори́м по-ру́сски ме́дленно.
2. _____ говори́те по-францу́зски?
3. _____ люблю́ ко́фе.
4. _____ лю́бишь меня́?
5. _____ хотя́т смотре́ть футбо́л по телеви́зору.
6. У меня́ есть пробле́мы, поэ́тому *(therefore)* _____ пло́хо сплю́.
7. _____ пло́хо ви́дит, ему́ на́до купи́ть очки́ *(glasses)*.
8. Извини́те, у меня́ нет вре́мени, _____ спешу́.
9. Что _____ гото́вишь сего́дня?

Упражнение 4. *Write the correct endings. Напишите правильные окончания.*

1. Я немно́го говор____ по-ру́сски.
2. Мы говор____ по-ру́сски на уро́ке.
3. Ты говор____ по-англи́йски?
4. Вы люб____ футбо́л?
5. Мы люб____ отдыха́ть на мо́ре.
6. Муж гото́в____ о́чень хорошо́.
7. Я пло́хо ви́____ .
8. Она́ не спеш____ сейча́с.
9. Они́ хот____ отдыха́ть сего́дня.
10. Сын хо́ч____ игра́ть на компью́тере сего́дня ве́чером.

Упражнение 5. *Answer the questions as in the model.*
Ответьте на вопросы по модели.

Модель:

— Хоти́те чай?

— Нет, не хочу́, потому́ что **я не люблю́ чай**.

1. — Хоти́те ко́фе?
— Нет, не хочу́, потому́ что _____
2. — Хоти́те смотре́ть футбо́л?
— Нет, не хочу́, потому́ что _____
3. — Хоти́те слу́шать му́зыку на рабо́те?
— Нет, не хочу́, потому́ что _____
4. — Хоти́те уро́к в воскресе́нье?
— Нет, не хочу́, потому́ что _____
5. — Хоти́те купи́ть биле́ты на футбо́л?
— Нет, не хочу́, потому́ что _____
6. — Хоти́те на дискоте́ку ?
— Нет, не хочу́, потому́ что _____

Упражнение 6. *Answer the questions. Ответьте на вопросы.*

1. Вы всегда́ спеши́те на уро́к?
2. Ваш муж спеши́т на рабо́ту?
3. Ва́ши де́ти спеша́т в шко́лу?
4. Где вы обы́чно сиди́те, когда́ смо́трите телеви́зор?
5. Что де́ти хотя́т де́лать ве́чером?
6. Вы хоти́те говори́ть по-ру́сски хорошо́?
7. Вы хоти́те в Дуба́й?

8. Что вы хоти́те купи́ть здесь?

9. Вы мо́жете гото́вить ру́сский сала́т?

10. Что мо́жет гото́вить ваш муж?

11. Как вы спи́те, е́сли *(if)* в ко́мнате хо́лодно?

12. Каки́е фи́льмы вы лю́бите смотре́ть?

13. Вы смо́трите програ́мму «Но́вости» по-ру́сски?

14. Что вы обы́чно де́лаете ве́чером?

Упражнение 7. *Look at the pictures and write the sentences as in the model.* Посмотри́те на карти́нки и напиши́те предложе́ния по моде́ли.

Что ты лю́бишь? Что ты не лю́бишь?

Моде́ль: Я люблю́ хокке́й. Я не люблю́ бале́т.

1. Я люблю _____

2. Я не люблю _____

3. _____

4. _____

5. _____

6. _____

7. _____

8. _____

9. _____

10. _____

⭐ **Упражнение 8. a)** *Read the text. Прочитайте текст.*

Ло́ндон

Ло́ндон — э́то столи́ца Великобрита́нии. Это о́чень ста́рый и краси́вый го́род на берегу́ реки́ Те́мзы. Здесь есть изве́стные музе́и и стари́нные дворцы́, краси́вые дома́ и прекра́сные па́рки, великоле́пные собо́ры и архитекту́рные па́мятники. Тури́сты о́чень лю́бят Ло́ндон, потому́ что там хоро́шие гости́ницы, отли́чные магази́ны, популя́рные теа́тры, ую́тные кафе́ и па́бы.

Им о́чень нра́вятся больши́е музе́и: Национа́льная галере́я, Брита́нский музе́й, ло́ндонский Та́уэр и дру́гие. В це́нтре го́рода на Трафальга́рской пло́щади всегда́ мно́го тури́стов. Они́ гуля́ют, сидя́т о́коло фонта́нов, отдыха́ют. Лю́ди в Ло́ндоне о́чень лю́бят говори́ть о *(about)* пого́де. Им не нра́вится их англи́йский дождли́вый и холо́дный кли́мат. Но Ло́ндон тако́й краси́вый и интере́сный го́род, что тури́сты не замеча́ют, кака́я там пого́да. Они́ о́чень за́няты: днём смо́трят музе́и и карти́нные галере́и, а ве́чером мо́гут пойти́ *(to go)* в теа́тры и́ли рестора́ны.

Но́вые слова́:

изве́стный = famous
стари́нный = ancient
прекра́сный = wonderful
великоле́пный = splendid
ую́тный = cosy

друго́й = other
дождли́вый = rainy
тако́й = such
замеча́ть = to notice

б) *Find the adjectives and nouns in the plural form.*

Найдите в тексте прилагательные и существительные во множественном числе.

Каки́е?	**Что?**	**Каки́е?**	**Что?**
ста́рые	музе́и	_____	_____
_____	_____	_____	_____
_____	_____	_____	_____
_____	_____		

в) *Tell about your city using new words from the text.*

Расскажите о вашем городе, используйте новые слова из текста.

Упражнение 9. *Write the sentences following the model.*

Напишите предложения по модели.

Кто что де́лает?

Модель: Дени́с говори́т по телефо́ну.

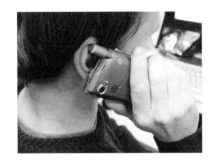

1. Оте́ц _____ .
2. Подру́га _____ .
3. Брат _____ .
4. Мать и дочь _____ .
5. Муж, жена́ и дочь _____ .
6. Сестра́ _____ .

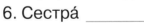

Упражнение 10. *Use the correct form of the verb* **мочь**.
Напишите глагол **мочь** *в правильной форме.*

1. Он не _____ читáть по-францýзски.
2. Вы _____ позвонúть вéчером.
3. Онú _____ игрáть на пианúно.
4. Мы _____ читáть по-рýсски.
5. Он _____ рабóтать на компьютере.
6. Вы _____ игрáть в тéннис зáвтра в 8 часóв?
7. Я не _____ говорúть по-испáнски.

Упражнение 11. *Write the questions for these answers, use the key words in bold. Напишите вопросы к выделенным словам.*

Модель:

— Что вы дéлаете в суббóту?
— В суббóту мы **игрáем в тéннис**.

9

1. _____
— Нет, мы **не кýрим**.

2. _____
— Онú говорят **хорошó**.

3. _____
— Да, **ужé немнóго говорю**.

4. _____
— Люблю **игрáть в тéннис**.

5. _____
— Нет, я **не игрáю в футбóл**.

6. _____
— Я встáю *(get up)* пóздно, **потомý что я люблю спать**.

7. _____
— Он смóтрит футбóл **кáждый вéчер**.

8. _____
— Мой друзья **слýшают** нóвости.

Упражнение 12. *Make up your sentences, write and read them.*

Составьте предложения, напишите и прочитайте их.

Модель:

Она́ чита́ет кни́ги, потому́ что ей нра́вится литерату́ра.

Ей нра́вится литерату́ра, поэ́тому она́ чита́ет кни́ги.

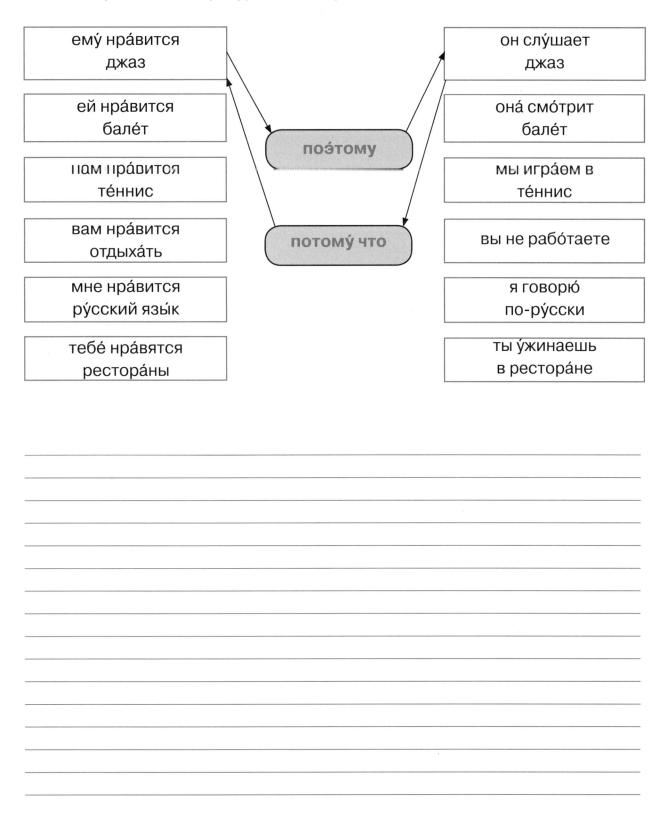

_____

_____

_____

_____

_____

_____

_____

_____

_____

_____

_____

_____

_____

_____

Practice Your Handwriting

Упражнение 13. Пишите по-русски.

$$В = \mathcal{B}$$
$$в = \ell$$

витами́н _____   весна́ _____
во́здух *(air)* _____   вре́мя _____
встре́ча _____   воскресе́нье _____

Ве́нгрия _____   Во́лга _____
Ви́льям _____   Во́льво _____
Вашингто́н _____   Влади́мир _____
Владивосто́к _____   Ватерло́о _____

Мы так говорим:

Движе́ние — э́то жизнь.
(Movement is a life.)

Поживём — уви́дим.
(We will live and we will see.)

Вре́мя пока́жет.
(Time will tell / show.)

Кури́ть — здоро́вью вреди́ть!
(To smoke means to damage your health.)

Урок 10 (десять). Десятый урок

Упражнение 1. *Match the questions to the answers.*
Соедините вопросы и ответы.

1. Где вы обéдаете в воскресéнье? ( )
2. Что вы дéлаете вéчером? ( )
3. Зáвтра ты отдыхáешь или
   рабóтаешь? ( )
4. Как ты дýмаешь, на ýлице теплó? ( )
5. Скóлько врéмени вы слýшали
   мýзыку вчерá? ( )
6. Вы бы́ли в Парúже в прóшлом годý? ( )
7. Скóлько раз вы бы́ли в теáтре в Бакý? ( )

а) Ни рáзу *(not once, never)*.
б) Тóлько час.
в) Я дýмаю, дáже *(even)* жáрко.
г) Да, мы бы́ли там в óтпуске.
д) Обы́чно мы обéдаем дóма.
е) К сожалéнию, рабóтаю.
ж) Мы игрáем с детьмú.

ЗАПОМНИТЕ!

мóжно + infinitive *(one may / can)*
нельзя́ + infinitive *(it is impossible / it is not allowed)*

Упражнение 2. *Mark, what you think, you can or you can not do.*
Отмéтьте, как вы думаете, что можно и чего нельзя делать.

1.	мóжно	~~нельзя́~~	гуля́ть в пáрке вéчером
2.	мóжно	нельзя́	кýрить в óфисе
3.	мóжно	нельзя́	спать на рабóте
4.	мóжно	нельзя́	пить сок ýтром
5.	мóжно	нельзя́	сидéть на столé
6.	мóжно	нельзя́	игрáть в тéннис пóсле рабóты
7.	мóжно	нельзя́	рабóтать нóчью в óфисе
8.	мóжно	нельзя́	говорúть по телефóну на урóке
9.	мóжно	нельзя́	читáть журнáл на рабóте
10.	мóжно	нельзя́	купúть билéты в кáссе

Упражнение 3. *Write the questions for these answers, use the key words in bold. Напишите вопросы к выделенным словам.*

Модель:

— Где ва́ши друзья́ изуча́ли *(to learn)* францу́зский язы́к?
— Мой друзья́ изуча́ли францу́зский язы́к **в Пари́же**.

1. _____
— Мы обе́даем в суббо́ту **до́ма**.

2. _____
— **Мой друг** игра́л на пиани́но в де́тстве *(childhood)*.

3. _____
— Мы игра́ем в те́ннис **в суббо́ту у́тром**.

4. _____
— Мы изуча́ем **ру́сский язы́к** в о́фисе.

5. _____
— Ра́ньше мой друзья́ жи́ли **в Боли́вии**.

Упражнение 4. *Change the phrases from the Present tense to the Past tense. Измените настоящее время глаголов на прошедшее.*

У меня́	был	уро́к *(m.)*
	была́	встре́ча *(f.)*
	бы́ло	собра́ние *(n.)*
	бы́ли	го́сти *(pl.)*

Модель:

У него́ (есть) встре́ча. — У него́ была́ встре́ча.

1. У неё есть приглаше́ние *(invitation)*. — _____
2. У него́ есть ви́за. — _____
3. У нас есть о́тпуск. — _____
4. У вас есть да́ча? — _____
5. У тебя́ ~~есть~~ командиро́вка. — _____
6. У них есть биле́ты на бале́т. — _____
7. У нас ~~есть~~ ве́чер. — _____

Упражнение 5. *Remember new verbs and insert the right form of them to the sentences.* Запомните новые глаголы и вставьте их в предложения.

стоя́ть = *to stand*	лежа́ть = *to be lying*	висе́ть = *to hang*
Я стою́	лежу́	вишу́
Ты стои́шь	лежи́шь	виси́шь
Он/она́		
Мы		
Вы		
Они́		вися́т

1. Компью́тер _____ на столе́.
2. Я _____ на дива́не.
3. Карти́на _____ на стене́.
4. Сту́лья _____ на ковре́.
5. Журна́лы _____ на сту́ле.
6. Шкаф _____ в коридо́ре.
7. Фотогра́фии _____ на шкафу́.
8. Часы́ _____ на ками́не.
9. Докуме́нты _____ в па́пке.
10. Маши́на _____ на парко́вке.

Упражнение 6. *Read the text. Draw the plan of this apartment.* Прочитайте текст. Нарисуйте план этой квартиры.

Кварти́ра

Э́то большо́е высо́кое *(high)* зда́ние. Вот второ́й *(second)* эта́ж. На́ша но́вая кварти́ра спра́ва. В кварти́ре четы́ре ко́мнаты. В це́нтре — широ́кий *(wide)* коридо́р. В коридо́ре на стене́ вися́т карти́ны и ла́мпы. Спра́ва — гости́ная и столо́вая. В гости́ной стоя́т дива́н, два кре́сла и телеви́зор. Сле́ва на стене́ виси́т краси́вый ковёр. На полу́ лежи́т о́чень большо́й ковёр.

Сле́ва — спа́льня и ма́ленький кабине́т. В кабине́те стоя́т стол, сту́лья и шкаф. Ря́дом *(beside)* — ва́нная и туале́т. Пря́мо — ку́хня.

В кварти́ре есть два балко́на: в гости́ной — спра́ва и в спа́льне — сле́ва.

План квартиры

Упражнение 7. а) *Write the verbs in the Past tense.*
Напишите глаголы в прошедшем времени.

1. Я _____ (отдыха́ть) до́ма вчера́ ве́чером.
2. Они́ _____ (отдыха́ть) в гора́х в выходны́е дни *(weekend, days off)*.
3. Я не _____ (рабо́тать) в э́ту суббо́ту.
4. Мы _____ (слу́шать) му́зыку в теа́тре в воскресе́нье.
5. Вы по́здно _____ (за́втракать) в воскресе́нье.
6. Вчера́ мой друг _____ (рабо́тать) в о́фисе де́сять часо́в.
7. Ра́ньше на́ши друзья́ _____ (жить) в Ло́ндоне, а сейча́с живу́т в Баку́.

б) *Put the verbs in brackets into the Past Tense and answer the questions. Слова, данные в скобках, напишите в прошедшем времени и ответьте на вопросы.*

1. Что вы _____ (де́лать) вчера́ ве́чером?

_____

2. Где друзья́ _____ (у́жинать) в пя́тницу?

_____

3. Кто _____ (отдыха́ть) в Ту́рции ле́том?

_____

4. Где друг _____ (быть) вчера́?

_____

5. Когда́ вы _____ (рабо́тать) в Аме́рике?

_____

6. Ско́лько вре́мени они́ _____ (гуля́ть) в па́рке в суббо́ту?

_____

7. Как вы _____ (игра́ть) в те́ннис в воскресе́нье?

_____

8. Где ва́ша подру́га _____ (рабо́тать) ра́ньше?

_____

9. Они́ _____ (быть) в Росси́и?

_____

10. Кто вчера́ _____ (игра́ть) в футбо́л?

_____

Упражне́ние 8. *Insert the right pronouns. Вставьте правильные местоимения.*

1. Он не замеча́ет _____ . (я/меня́)
2. _____ зна́ет _____ мно́го лет. (он/его́)
3. Он всегда́ понима́ет _____ . (она́/её)
4. _____ лю́бит её. (он/его́)
5. Вы ви́дели _____ ра́ньше? (они́/их)
6. _____ слу́шаем вас ка́ждый день по ра́дио. (мы/нас)
7. Они́ ждут _____ в о́фисе. (он/его́)
8. Я встреча́ю *(to meet)* _____ в аэропорту́. (ты/тебя́)

Упражне́ние 9. *Write the endings in the Accusative case.*
Напишите правильные окончания слов в винительном падеже.

1. Вы ви́дите (апте́ка) _____ спра́ва и (по́чта) _____ сле́ва.
2. Сейча́с я не ви́жу (арти́ст) _____ на сце́не *(stage)*.
3. Я не зна́ю его́ (сестра́) _____ и (брат) _____ .
4. Мне на́до купи́ть (молоко́) _____ и (карто́шка) _____ .
5. Он не пьёт *(drinks)* (во́дка) _____ и (конья́к) _____ .
6. Вы понима́ете (перево́дчик) _____ ?
7. Мы не зна́ем э́ту (студе́нтка) _____ .
8. Я ви́жу (инжене́р) _____ в о́фисе.

Упражнение 10. *Write the following words in the Accusative case.* Напишите слова в винительном падеже.

Кто / Что это?	Я вижу кого / что?	Кто / Что это?	Я вижу кого / что?
до́ктор	до́ктора	ме́неджер	_____
актри́са	_____	учи́тель	_____
медсестра́	_____	ба́бушка	_____
мать	_____	дире́ктор	_____
дочь	_____	гид	_____
подру́га	_____	мужчи́на	_____
же́нщина	_____	колле́га	_____
сосе́д	_____	сосе́дка	_____
ка́рта	_____	письмо́	_____
телеви́зор	_____	газе́та	_____
ра́дио	_____	дя́дя	_____
статья́ *(article)* (f.)	_____	дверь (f.)	_____

ЗАПОМНИТЕ!

СПАСИБО ЗА + что?   Спаси́бо за чай / во́ду.

Упражнение 11. *Make your phrases.* Составьте ваши фразы.

ЧТО?
по́мощь *(help)*

	приглаше́ние
_____	сове́т *(advice)*
_____	пи́во
_____	информа́ция
_____	вре́мя
_____	обе́д
_____	ру́чка
СПАСИ́БО ЗА _____	у́жин
_____	му́зыка
_____	рабо́та
_____	уро́к
_____	презента́ция
_____	маши́на
_____	за́втрак
_____	игра́

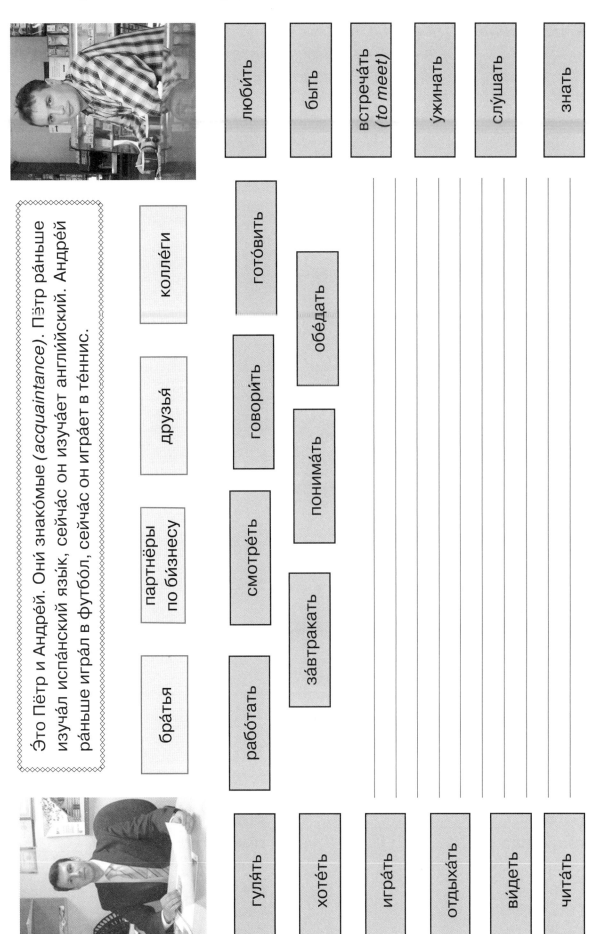

Упражнение 12. *Create some texts. Составьте тексты.*

Это Пётр и Андрей. Они знакомые (*acquaintance*). Пётр ра́ньше изуча́л испа́нский язы́к, сейча́с он изуча́ет англи́йский. Андре́й ра́ньше игра́л в футбо́л, сейча́с он игра́ет в те́ннис.

бра́тья

партнёры по би́знесу

друзья́

колле́ги

рабо́тать
за́втракать
смотре́ть
понима́ть
говори́ть
обе́дать
гото́вить

люби́ть
быть
встреча́ть (*to meet*)
у́жинать
слу́шать
знать

гуля́ть
хоте́ть
игра́ть
отдыха́ть
ви́деть
чита́ть

Упражнение 13. *Read the sentences and find the words in the Accusative case (Plural).* Прочитайте предложения. Найдите слова в винительном падеже во множественном числе.

1. Мы ви́дели э́тих **актёров**.
2. Профе́ссор спра́шивает *(asks)* студе́нтов.
3. На встре́че они́ слу́шали колле́г.
4. Роди́тели не понима́ют дете́й.
5. Он приглаша́ет *(invites)* подру́г на день рожде́ния.
6. Мы ви́дели ста́рые це́ркви в Москве́.
7. Я люблю́ смотре́ть музе́и.
8. Я вижу́ краси́вые пла́тья *(dresses)* в магази́нах.

Упражнение 14. *Complete the sentences.* Закончите предложения.

Кто?	Что делает? Что делал?	Что? Кого?
Студе́нт	чита́ет	текст.
	спра́шивает	дру́га.
	зна́ем	
	ви́дят	
	смотре́ла	
	гото́вил	
	слу́шали	

Practice Your Handwriting

Упражнение 15. *Пишите по-русски.*

$$\textbf{Г} = \mathcal{T}$$
$$\textbf{г} = \mathcal{r}$$

го́род _____   гра́дус _____
гео́лог _____   гара́ж _____
гости́ница _____   га́мбургер _____

Гру́зия _____   Га́мбург _____
Голла́ндия _____   Гаа́га _____
Ге́нуя _____   Герма́ния _____

Урок 11 (одиннадцать). Одиннадцатый урок

Упражнение 1. *Match the part of the sentences on the left to the part on the right. Соедините левую часть предложения с правой.*

1. Мой друг всегда́ смо́трит програ́мму «Спорт», ... ( )

а) потому́ что он был в посо́льстве.

2. Мой колле́га ча́сто *(often)* смо́трит фи́льмы, ... ( )

б) потому́ что он уже́ понима́ет по-ру́сски.

3. Ве́чером подру́га слу́шает му́зыку, ... ( )

в) потому́ что он лю́бит кино́.

4. Джон ча́сто ве́чером слу́шает ру́сское ра́дио, ... ( )

г) потому́ что она́ лю́бит му́зыку.

5. В понеде́льник студе́нт не́ был на уро́ке, ... ( )

д) потому́ что он лю́бит спорт.

ЗАПО́МНИТЕ!

учи́ться *(to study)* где?	изуча́ть *(to learn)* что?	учи́ть *(to learn)* что?
в университе́те	**эконо́мику**	**уро́к**
в шко́ле	**ру́сский**	**слова́**
на ку́рсах	**(англи́йский) язы́к**	**пра́вило** *(rule)*

Упражнение 2. *Choose the correct word:* **учить, учиться, изучать** *and use it in the appropriate form. Выберите нужное слово:* **учить, учиться, изучать**, *и напишите его в правильной форме.*

1. В шко́ле мои де́ти _____ матема́тику, англи́йский и ру́сский языки́, фи́зику.
2. За́втра у меня́ бу́дет уро́к, я _____ слова́.
3. Мой сын _____ в шко́ле.
4. На уро́ках я _____ но́вые пра́вила *(rules)*.
5. _____ ру́сский язы́к на ку́рсах нетру́дно.
6. Моя́ дочь _____ в О́ксфордском университе́те.
7. Я ду́маю, _____ психоло́гию о́чень интере́сно.
8. Мы хоти́м говори́ть по-ру́сски хорошо́, поэ́тому мы должны́ _____ слова́, фра́зы и грамма́тику.

Упражнение 3. *Answer the questions.* Ответьте на вопросы.

а)

1. Джон вчера был в театре. **А вы** были в театре вчера?

_____

2. Моя подруга вчера была в магазине. **А вы** были в магазине?

_____

3. Мой друг вчера вечером был в ресторане. **А вы** были в ресторане?

_____

4. Мои друзья были в гостях в субботу. **А вы** были в гостях?

_____

5. Я был(а) дома вчера вечером. **А вы**?

_____

б)

1. Сегодня я буду дома. **А вы?**

_____

2. Сегодня вечером я буду смотреть телевизор. **А вы?**

_____

3. В субботу я не буду работать, я буду отдыхать. **А вы?**

_____

4. Завтра вечером я буду читать книгу. **А вы? А ваша жена?**

_____

5. Послезавтра я буду гулять в центре. **А вы? А ваш друг?**

_____

6. В воскресенье я буду свободен (свободна). **А вы? А ваши коллеги?**

_____

7. В пятницу мы будем обедать в ресторане. **А вы?**

_____

8. В субботу мои друзья будут на опере в театре. **А вы?**

_____

Упражнение 4. *Add the correct endings.* Напишите правильные окончания.

1. Вчера мы смотрели фильм о жизн___ в России.
   Сегодня мы говорим о фильм___.

2. Моя подруга пишет мне о работ___ и об
   отпуск___ в Америке.

> жизнь — о жизни *(life)*
> любовь — о любви *(love)*

3. Мой ме́неджер спра́шивает о прое́кт___.

4. Сейча́с мы мно́го говори́м о пое́здк___, об А́нгли___.

5. Мой друг ча́сто говори́т о любв___.

6. Мой сын лю́бит му́зыку и говори́т о му́зык___ ве́чером.

7. Мужчи́ны лю́бят говори́ть о поли́тик___.

Упражнение 5. *Answer the questions using the words given in brackets in the correct form. Ответьте на вопросы, используйте слова, данные в скобках, в правильной форме.*

1. О ком вы говори́те сейча́с? (он и она́)

_____

2. О ком друг писа́л в письме́? (они)

_____

3. О ком он спра́шивал? (мы и вы)

_____

4. О ком они́ говори́ли? (ты и я)

_____

5. О ком он ду́мает всё вре́мя *(all the time)*? (она́)

_____

Упражнение 6. *Write the questions for these answers, use the key words in bold. Напишите вопросы к выделенным словам.*

Модель:
    — О чём говори́т гид?
    — Гид говори́т **о ста́рой тради́ции**.

1. _____
    — Мой друг ча́сто ду́мает **о подру́ге**.
2. _____
    — Мы ду́маем **об о́тпуске** сейча́с.
3. _____
    — Тури́сты спра́шивают **об исто́рии го́рода**.
4. _____
    — Англича́не лю́бят говори́ть **о пого́де**.
5. _____
    — Ма́ма ду́мает **о де́тях**.

Упражнение 7. *Use the verbs in the correct form.*
Напишите глаголы в правильной форме.

1. Сейчас я _____ (стоять) на улице в центре города.
2. — Кого ты _____ (хотеть) видеть?
   — Я _____ (хотеть) видеть сестру. Она _____ (жить)
   в Лондоне и приедет *(will come)* сегодня днём.
3. Я не знаю, где он _____ (изучать) русский язык.
4. — Кого студент_____ (знать) в университете?
   — Конечно, он _____ (знать) профессора.
5. — Вы здесь давно *(long time)* _____ (работать)?
   — Уже два года.
6. Мы _____ (переводить) текст на русский язык.
7. Мы _____ (пить) пиво в баре в пятницу.
8. — Кого _____ (ждать) такси на улице?
   — Меня.
9. Сегодня мне надо _____ (делать) презентацию.

Упражнение 8. *Insert the right pronouns. Вставьте правильные местоимения.*

_____ думаю, что _____ знаете, где _____ был вчера. Но _____ не
понимаю, почему _____ не хотите говорить _____ . _____ не видели его?
Это неправда.

_____ видела _____ и его вчера вечером. _____ были в кафе на
площади. Там были ещё ваши новые коллеги. Я встречала _____ раньше в
офисе. Я не знаю, как _____ зовут. Так где _____ и ваши коллеги были после
кафе?

ЗАПОМНИТЕ!	**в следующем году** — *next year*
	в прошлом году — *last year*
	в этом году — *this year*

Упражнение 9. *Complete these sentences using the verb in the Future tense.*
Допишите предложения, используйте глаголы в будущем
времени.

1. Летом я _____ (работать) на нефтяной платформе.
2. Вечером мой муж _____ (читать) журнал.
3. Дети _____ (завтракать) в 8 часов.
4. Завтра мы _____ (обедать) в центре города.
5. В субботу и в воскресенье мои коллеги _____ (отдыхать) за
   городом *(outside of the city)*.

11

6. Сего́дня ве́чером я _____ (пить) кра́сное вино́.

7. В воскресе́нье ты _____ (смотре́ть) спорти́вные но́вости.

8. Друг _____ (пить) ко́фе у́тром.

9. Вы _____ (слу́шать) ро́к-конце́рт на MTV?

10. Ле́том на́ша семья́ _____ (отдыха́ть) в Гре́ции.

11. Мой друзья́ _____ (жить) в Росси́и в сле́дующем году́.

12. В э́том году́ мы _____ (де́лать) но́вый прое́кт.

13. Где вы _____ (отдыха́ть) в сле́дующем году́ ле́том?

14. Мой колле́га _____ (изуча́ть) ру́сский язы́к, а его́ жена́ _____
_____ (изуча́ть) азербайджа́нский язы́к.

Упражнение 10. *Complete these sentences with an appropriate word in the Accusative taken from the box below. Дополните предложения, используйте данные в рамке слова в винительном падеже.*

1. Гдс Алсксáндр? Я _____ не ви́жу.

2. Я не пью _____ .

3. Она́ ка́ждый день чита́ет _____ .

4. Ты её лю́бишь, а она́ _____ не лю́бит.

5. Вы ви́дите _____ «Ёлки-па́лки» на углу́ у́лицы?

6. Я говорю́, а вы не слу́шаете _____ .

7. Мы зна́ем ру́сский _____ .

8. Ма́ма лю́бит Санкт-Петербу́рг, а па́па лю́бит _____ .

9. Где Алексе́й и Татья́на? Вы ви́дите _____ ?

язы́к
пи́во
они́
я
он
Москва́
рестора́н
ты
журна́л

Упражнение 11. *Translate these sentences into Russian. Переведите эти предложения на русский.*

1. In the morning I have breakfast, read the newspapers and listen to the radio.

_____

2. In the afternoon we worked, and now we are resting. I am reading a magazine, and Mary is writing a letter.

_____

3. Yesterday evening we watched television and then had supper.

_____

4. Yesterday the teacher explained (*to explain* = объяснять) a text. We listened attentively (*attentively* = внимательно).

_____

5.Then he asked (questions) and we answered (them). I answered slowly, and Mary answered quickly and correctly.

_____

Упражнение 12. *Where do they live? Где они живут?*
                          Составьте предложения по модели.

Модель:

     Моя́ подру́га жив ___ в _____ , _____ .
     Моя́ подру́га жив**ёт во Фра́нции, в Пари́же**.

1.

2.

3.

4.

5.

6.

1. Мой друг жив___ в _____ , _____ .

2. Друзья́ жив___ в _____ , _____ .

3. Ра́ньше я жи___ в _____ , _____ .

4. Моя́ ру́сская подру́га жив___ в _____ , _____ .

5. Роди́тели дру́га сейча́с рабо́тают в Росси́и и жив___ в _____ .

6. Когда́ у меня́ о́тпуск, я жив___ в _____ , _____ .

Упражнение 13. *Finish these sentences. Закончите предложения.*

1. Мы говори́м по-ру́сски, когда́ _____ .

2. Он спра́шивает, кто _____ .

3. Я не понима́ю, что _____ .

4. Я слу́шаю, как _____ .

5. Я не гуля́ю, потому́ что _____ .

6. Я зна́ю, почему́ _____ .

7. Са́ша не говори́т по-англи́йски, потому́ что _____ .

8. Я не зна́ю, почему́ _____ .

9. Я не зна́ю, чей _____ .

10. Мы не зна́ем, где _____ .

Упражнение 14. *Fill in the missing words given in the box.*
Вставьте в предложения пропущенные слова, данные в рамке.

Я расска́зываю, _____ я вчера́ чита́л.		как
_____ она́ танцева́ла *(to dance)* на ве́чере.		когда́
_____ я не́ был на уро́ке.		где
_____ мы отдыха́ли.		что
_____ мы отдыха́ли на ю́ге *(south)*.		ско́лько вре́мени
		почему́
Скажи́те, пожа́луйста, _____ вы рабо́тали в компа́нии?		где
_____ вы де́лаете?		что
_____ вы живёте?		как
_____ бале́т в теа́тре?		

Упражнение 15. *Match. Соедините.*

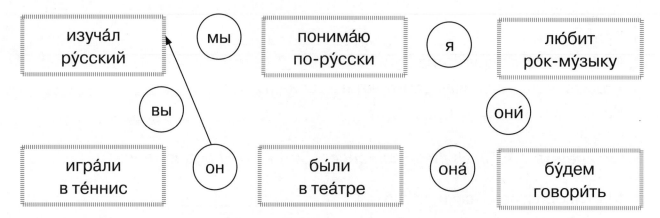

Упражнение 16. *Complete the sentences. Закончите предложения.*

Когда?	Кто?	Что делать?
Ле́том	мы	бу́дем отдыха́ть.
За́втра		не бу́дут за́втракать.
		бу́дете игра́ть в те́ннис.
По́зже	вы	

Когда?	Кто?	Что делать?	Где?
В сле́дующем году́		бу́дем отдыха́ть	на ю́ге.
		бу́дете гуля́ть	
		бу́дет рабо́тать	
Ра́ньше		жи́ли	
		изуча́л ру́сский язы́к	

Кто?	Что делать?	Что?	О ком? / О чём?
Мы	чита́ем	текст	о Москве́.
	пишу́		
	чита́ли		
	смотре́ли		

⭐ ***Упражнение 17.*** *Read the sentences and find the words in the Prepositional case (Plural). Прочитайте предложения и найдите слова в предложном падеже во множественном числе.*

1. **На стола́х** в о́фисе есть компью́теры, фа́ксы и докуме́нты.
2. Я был на уро́ках в понеде́льник.

3. Студéнты бы́ли на экзáменах.

4. В университéтах и институ́тах студéнты изучáют матемáтику и истóрию.

5. Вчерá мы читáли кни́гу о городáх Росси́и.

6. Мы жи́ли в э́тих городáх.

7. На у́лицах гóрода сейчáс мнóго маши́н.

8. Обы́чно в гости́ницах хорóшие спá-клу́бы.

9. Лéтом на стадиóнах прохóдят (take place) интерéсные футбóльные мáтчи.

10. Мои́ коллéги сегóдня на встрéчах.

11. На вéчере мы говори́ли о дéтях, о друзья́х и о плáнах.

12. В журнáлах мóжно прочитáть интерéсные статьи́.

13. Не нáдо ду́мать о проблéмах!

Practice Your Handwriting

Упражнение 18. *Пишите по-русски.*

З = *З*
з = *з*

Б = *Б*
б = *б*

зоопáрк_____

му́зыка _____

зонт (umbrella) _____

зáвтра _____

зимá_____

результáт _____

Зáмбия _____

Зóрро _____

Зинаи́да _____

Земфи́ра _____

Зимбáбве_____

банкéт_____

бумáга _____

бáбушка_____

банкомáт _____

бухгáлтер _____

библиотéка _____

Баку́_____

Бóстон _____

Барбадóс _____

Брюссéль _____

Барселóна_____

Пáвел Буре́ _____

Мы так говорим:

Учи́ться никогдá не пóздно.

(Studying is never late. = It is never too late to learn.)

На оши́бках у́чатся.

(They learn from their mistakes.)

Урок 12 (двенадцать). Двенадцатый урок

Упражнение 1. *Test yourself. Проверьте себя.*

Как это по-английски?

по-русски	по-английски	по-русски	по-английски
автобус		парковка	
автомобиль		пассажир	
баржа		платформа	
вагон		станция	
велосипед		такси	
лифт		трамвай	
машина		транспорт	
метро		троллейбус	
мотоцикл		эскалатор	

Новые слова:

самолёт = aeroplane
вертолёт = helicopter
поезд = train
самокат = scooter (child's)
лодка = boat
катер = motor-boat
паром = ferry-boat

дорога = road/ way
уличное движение = traffic
«пробка» = traffic-jam
час пик = rush hour
корабль = ship
остановка = bus stop

12

Упражнение 2. *Match the adjectives on the left to the most appropriate noun on the right.* Соедините прилагательные, данные слева, с существительными справа.

1. ско́рый (fast) (   )
2. центра́льная (   )
3. интере́сная (   )
4. краси́вое (   )
5. кра́сный (   )
6. ста́рый (   )
7. бе́лая (   )
8. бы́стрый (   )
9. совреме́нный (   )
10. дорога́я (   )
11. дли́нный (   )
12. плохи́е (   )

а) авто́бус
б) тролле́йбус
в) я́хта
г) у́лица
д) метро́
е) ка́тер
ж) мотоци́кл
з) пое́здка *(trip)*
и) по́езд
к) экску́рсия
л) доро́ги
м) эскала́тор

Упражнение 3. *Ask the questions as in the model.* Задайте вопросы по модели.

а) Модель:

Мы идём в теа́тр. — Куда́ вы идёте?

1. Они́ иду́т на стадио́н. — _____
2. Я иду́ в музе́й. — _____
3. Мы идём на конце́рт. — _____
4. Он идёт в спортклу́б. — _____
5. Она́ идёт на встре́чу. — _____
6. Мы идём в кино́. — _____

б) Модель:

Я е́ду в гости́ницу. — Куда́ вы е́дете?

1. Я е́ду в центр го́рода. — _____
2. Они́ е́дут на экску́рсию. — _____
3. Она́ е́дет в шко́лу. — _____
4. Мы е́дем на собра́ние в гости́ницу. — _____
5. Я е́ду на бале́т в теа́тр. — _____
6. Она́ е́дет в А́нглию. — _____

Упражнение 4. *Insert the verb* **идти** *in the correct form.*
                 Вставьте глагол **идти** *в правильной форме.*

1. — Куда _____ студенты?
   — Я не знаю, куда они _____ . Я думаю, они _____ на урок.

2. — Куда _____ этот инженер?
   — Он _____ на собрание.

3. — Куда ты _____ ?
   — Я _____ в театр. А ты тоже _____ в театр?
   — Да, я тоже _____ туда.

4. — Вы _____ в столовую *(canteen)*?
   — Нет, я уже был там. Сейчас я _____ на встречу.

Упражнение 5. *Insert the verb* **ехать** *in the correct form.*
                 Вставьте глагол **ехать** *в правильной форме.*

1. — Ваш друг _____ в Тбилиси на поезде?
   — Нет, я думаю, на самолёте.

2. — Ты _____ домой на автобусе?
   — Да, на автобусе. А ты?
   — А я _____ домой на машине.

3. — Мои друзья _____ на бульвар на велосипеде.
   — А мы _____ на бульвар на автобусе.
   — Ваша подруга сейчас тоже _____ на бульвар?
   — Нет, она _____ на пляж.

Упражнение 6. *Where or where to?* **Где** *или* **куда**?

1. _____ вы едете?
2. _____ он идёт сейчас?
3. _____ работает ваша жена?
4. _____ едет менеджер завтра?
5. _____ живут ваши друзья в Баку?
6. _____ здесь театр оперы и балета?

Упражнение 7. *Look at the chart and write the sentences as in the model. Посмотрите на таблицу и напишите предложения по модели.*

| ЗАПОМНИТЕ! | *Куда?* | на **завод** | на **почту** |
| | | на **фабрику** | на **вокзал** |

кто?	идти/ехать	как?	куда?
1. Я		машина	офис
2. Вы		такси	аэропорт
3. Ты		машина	посольство
4. Мы		пешком	магазин
5. Отец		пешком	фабрика
6. Брат		велосипед	стадион
7. Преподаватель		автобус	библиотека
8. Девушки		пешком	салон

1. Я еду на машине в офис.
2. _____
3. _____
4. _____
5. _____
6. _____
7. _____
8. _____

Упражнение 8. *Answer the questions using the words given in brackets in the Genitive case. Ответьте на вопросы, используйте слова, данные в скобках, в родительном падеже.*

1. Откуда едет сосед? (супермаркет) — _____
2. Откуда идёт студент? (университет) — _____
3. Откуда идёт шофёр? (гараж) — _____
4. Откуда идут дети? (школа) — _____
5. Откуда едут коллеги? (офис) — _____
6. Откуда едет турист? (аэропорт) — _____

Упражнение 9. *Write the sentences as in the model using the words given below.* Напишите предложения по модели, используйте слова, данные ниже.

Модель: рабо́та, кли́ника

Где?	Куда?	Откуда?
Я **на** рабо́те.	Я иду́ **на** рабо́ту.	Я иду́ **с** рабо́ты.
Я **в** кли́нике.	Я иду́ **в** кли́нику.	Я иду́ **из** кли́ники.

ЗАПОМНИТЕ!	Где?	Куда?	Откуда?
	на	на	с
	в	в	из

концéрт, ко́мната, це́рковь, о́пера, музе́й, пло́щадь, гости́ница, встре́ча, спортза́л, уро́к, центр го́рода, база́р, фа́брика, посо́льство, презента́ция, магази́н, са́уна, ве́чер, клуб, приём

Где?	Куда?	Откуда?
в це́ркви	в це́рковь	из це́ркви

12

Упражнение 10. *Complete the sentences using the correct form of nouns.*
Закончите предложения, используйте слова в правильной форме.

Мой друг е́дет в _____ (командиро́вка) в пя́тницу. Снача́ла *(at first)* он е́дет на самолёте из Баку́ в _____ (Пари́ж) . Там бу́дет вы́ставка электро́ники. Из _____ (Пари́ж) ему́ на́до пое́хать *(to go)* в _____ (Жене́ва) на по́езде. В _____ (Жене́ва) бу́дет ва́жная встре́ча. Из _____ (Жене́ва) он е́дет в _____ (А́встрия) на маши́не на экску́рсию, а из_____ (А́встрии) прие́дет *(will come)* в Баку́.

Упражнение 11. *Look at these pictures and write where did your friends come from.* *Посмотрите на фотографии и напишите, откуда приехали ваши друзья.*

1. _____ приéхал из _____ .
2. _____ приéхала из _____ .
3. _____ приéхал из _____ .
4. _____ приéхал из _____ .
5. _____ приéхала из _____ .
6. _____ приéхал из _____ .
7. _____ приéхали из _____ .

ЗАПОМНИТЕ!

(У кого?) У меня́ есть *(что?)* маши́на.   *(Где?)* В го́роде есть *(что?)* теа́тр.
У меня́ нет *(чего?)* маши́ны.   В го́роде нет *(чего?)* теа́тра.

Упражнение 12. *Read these sentences. Find the words in the Genitive case.*
Прочитайте эти предложения. Найдите слова в родительном падеже.

1. У меня́ не́ было до́ма в А́нглии.
2. Вчера́ у нас не́ было встре́чи днём.
3. В э́том году́ у него́ нет о́тпуска.
4. У неё не́ было кварти́ры.
5. У вас нет биле́та на бале́т в суббо́ту.
6. В ма́е не бу́дет конфере́нции в Росси́и.
7. Сейча́с у него́ нет пла́на на за́втра.
8. У ме́неджера нет командиро́вки в апре́ле.

Упражнение 13. *Choose the correct form of the word.*
Выберите правильную форму слова.

Моде́ль: У меня́ есть (друг/дру́га/дру́ге). — У меня́ есть друг.

1. У меня́ есть (уро́к/уро́ка/уро́ке).
2. У тебя́ есть (проéкт/проéкта/проéкте).
3. У него́ нет (идéя/идéи/идéе).
4. У неё нет (проблéма/проблéмы/проблéме).
5. У нас нет (встрéча/встрéчи/ встрéче).
6. У них нет (о́тпуск/о́тпуска/о́тпуске).
7. Здесь есть (суперма́ркет/суперма́ркета/суперма́ркете).
8. В го́роде нет (цирк/ци́рка/ци́рке).
9. Сейчас здесь нет (посо́льство/посо́льства/посо́льстве).
10. В кассе нет (билéт/билéта/билéте).
11. В кабинете нет (компьютер/компьютера/компьютере).

Упражнение 14. *What isn't on the menu? Complete the statements by putting the word above into the Genitive case.* Чего нет в меню? Закончите предложения, используйте данные слова в родительном падеже.

ку́рица, ветчина́ *(ham)*, пи́во, ры́ба, во́дка, йо́гурт, шокола́д и конья́к

ку́рицы

Сегодня у нас нет…

ЗАПОМНИТЕ!

Ско́лько **ме́сяцев**	ма́ло **пробле́м**
5–20 **дней**	
не́сколько **неде́ль**	мно́го **прое́ктов**

★ **Упражнение 15.** *Read these sentences and find the words in the Genitive case (Plural).* Прочитайте предложения и найдите слова в родительном падеже во множественном числе.

1. Два́дцать **инжене́ров** сейча́с рабо́тают на платфо́рме.
2. В Москве́ мно́го теа́тров, институ́тов, стадио́нов, заво́дов и фа́брик.
3. В це́нтре го́рода мно́го магази́нов, рестора́нов, па́рков, фонта́нов и кафе́.
4. На э́той у́лице пять сало́нов и не́сколько рестора́нов.
5. На у́лице мно́го маши́н, нет ме́ста для парко́вки.
6. В Санкт-Петербу́рге мно́го музе́ев и библиоте́к, собо́ров, дворцо́в.
7. У нас не́сколько друзе́й в Баку́.
8. На э́той у́лице нет апте́к и рестора́нов, а на той у́лице нет высо́ких зда́ний.

> **СКО́ЛЬКО/МНО́ГО/ МА́ЛО/НЕ́СКОЛЬКО**
> компью́теров
> рубле́й
> зда́ний
> подру́г
> книг

9. Сейча́с у меня́ ма́ло де́нег, потому́ что я был в о́тпуске.

10. У нас нет но́вых прое́ктов.

11. Ско́лько ме́сяцев ну́жно писа́ть э́тот прое́кт?

⭐ **Упражнение 16.** *Match the right part to the left part.*
Соедините правую и левую части.

1. В го́роде мно́го (   )

2. У врача́ ма́ло (   )

3. У профе́ссора не́сколько (   )

4. У президе́нта мно́го (   )

5. У ме́неджера мно́го (   )

6. У банки́ра мно́го (   )

7. У дру́га не́сколько (   )

8. У режиссёра *(stage-director)* шесть (   )

а) ста́рых интере́сных книг

б) серьёзных пробле́м

в) де́нег

г) краси́вых мест

д) прекра́сных фи́льмов

е) ста́рых пацие́нтов

ж) отли́чных студе́нтов

з) хоро́ших рабо́тников

Упражнение 17. *Answer the questions in the negative form.*
Ответьте на вопросы отрицательно.

1. У вас есть па́спорт?

2. У вас есть деклара́ция?

3. У вас есть ви́за?

4. У вас есть приглаше́ние?

5. У вас есть телефо́н, компью́тер, видеока́мера?

6. У вас есть бага́ж в сало́н самолёта?

7. У вас есть нож *(knife)* и́ли но́жницы *(scissors)*?

8. В багаже́ есть алкого́ль, таба́к, лека́рство *(medicine)*, нарко́тики?

9. В су́мке есть буты́лка воды́, духи́ *(perfume)*, дезодора́нт, спрей?

Упражнение 18. *Answer the questions in the negative form.*
Ответьте на вопросы отрицательно.

а) Модель:

У вас был матч вчера́? — Нет, у меня́ не́ было ма́тча.

1. У вас была́ встре́ча сего́дня? — Нет, у нас не́ было _____

2. У него́ бы́ло собра́ние в пя́тницу? — Нет, у него́ _____

3. У вас был уро́к в понеде́льник? — Нет, _____

4. В суббо́ту у подру́ги был ве́чер? — Нет, _____

5. В воскресе́нье у вас была́ экску́рсия? — Нет, _____

6. Вчера́ в теа́тре была́ о́пера? — Нет, _____

б) Модель:

У вас бу́дет уро́к за́втра? — Нет, у нас не бу́дет уро́ка.

1. В сре́ду на стадио́не бу́дет матч? — _____
2. В суббо́ту у вас бу́дет ве́чер? — _____
3. В воскресе́нье у вас бу́дет экску́рсия? — _____
4. У вас бу́дет о́тпуск в э́том году́? — _____
5. У колле́ги бу́дет командиро́вка на сле́дующей неде́ле *(next week)*? —

_____

6. В теа́тре ско́ро *(soon)* бу́дет бале́т? — _____

Упражнение 19. *Write the questions for these answers, use the key words in bold. Напишите вопросы к выделенным словам.*

Модель:

— Здесь есть телефо́н?
— Нет, здесь нет **телефо́на**.

1. _____
— Нет, там нет **словаря́**.

2. _____
— Компью́тера нет **до́ма**.

3. _____
— Нет, у меня́ **нет** соба́ки.

4. _____
— У нас не́ было вре́мени **вчера́**.

5. _____
— Биле́та не бу́дет **у бра́та**.

6. _____
— Гости́ницы не бу́дет **на э́той у́лице**.

7. _____
— **Сего́дня** конце́рта не бу́дет.

8. _____
— Мы бы́ли вчера́ в гостя́х **у дру́га**.

9. _____
— **Ле́том** мы жи́ли у ма́мы.

10. _____
— Я хочу́ взять *(to take)* кни́гу **у преподава́теля**.

11. _____

  — **У подру́ги** есть но́вая интере́сная кни́га.

12. _____

  — Компью́тер **Джо́на** сего́дня пло́хо рабо́тает.

13. _____

  — Сын **администра́тора** рабо́тает на платфо́рме.

14. _____

  — На у́лице о́коло о́фиса стоя́т **четы́ре маши́ны**.

15. _____

  — У нас есть **три биле́та** в теа́тр.

ЗАПОМНИТЕ!   — **Где** нахо́дится *(situated, located)* **что?**

                                                       ресторáн
                                                       пло́щадь

  — **Рестора́н** нахо́дится **в це́нтре.**

Упражнение 20. *Complete these sentences. Use the words, given in the brackets in Russian. Закончите предложения, используйте слова в скобках по-русски.*

1. Наш о́фис нахо́дится спра́ва _____ *(from)* му́зея и сле́ва _____ *(from)* теа́тра.

2. Теа́тр о́перы и бале́та нахо́дится _____ *(near)* суперма́ркета.

3. За́втра _____ *(after)* рабо́ты у нас бу́дет ве́чер.

4. На́ша встре́ча _____ *(before)* обе́да в о́фисе.

5. Мои́ друзья́ иду́т в рестора́н сего́дня _____ *(after)* конце́рта.

6. Я бу́ду ждать тебя́ _____ *(near)* па́мятника.

7. Рестора́н нахо́дится _____ *(not far from)* ста́нции метро́.

8. Принеси́те *(bring)*, пожа́луйста, ко́фе _____ *(without)* са́хара.

9. Вы должны́ пое́хать *(to go)* в аэропо́рт ра́но *(early)*, потому́ что _____ *(from)* до́ма _____ *(to)* аэропо́рта на́до е́хать 50 мину́т.

10. Сего́дня я должна́ купи́ть пода́рок *(gift)* _____ *(for)* подру́ги, потому́ что у неё день рожде́ния.

11. Я чита́ю письмо́ _____ *(from)* дру́га.

12. Вчера́ мой друг прие́хал *(came)* _____ *(from)* А́нглии.

13. _____ *(From)* теа́тра _____ *(to)* до́ма на́до идти́ 10 мину́т.

14. Я ви́дел тебя́ _____ *(near)* рестора́на _____ *(without)* подру́ги.

Упражнение 21. *Answer the questions. Ответьте на вопросы.*

1. Ваш уро́к до́ и́ли по́сле рабо́ты?
2. Ваш спортклу́б о́коло о́фиса и́ли о́коло до́ма?
3. Ста́нция метро́ далеко́ и́ли недалеко́ от гости́ницы?
4. Вы покупа́ете сувени́ры для подру́ги и́ли для дру́га?
5. За́втра день рожде́ния у ва́шего бра́та и́ли у сестры́?
6. Вы мо́жете жить без телефо́на и без компью́тера?

Practice Your Handwriting

Упражнение 22. *Пишите по-русски.*

$$Ф - \mathscr{F}$$
$$ф - \varphi$$

Филиппи́ны _____   фо́кус _____
Фра́нклин _____   Фили́пп _____
Фра́нция _____   Филаде́льфия _____
фанта́зия _____   фотогра́фия _____
фо́рма _____   фру́кты _____
фигу́ра _____   фи́рма _____

Мы так говорим:

Нет ды́ма без огня́.
(There is no smoke without fire.)

Ти́ше е́дешь — да́льше бу́дешь.
*(Going slowly means you will go far.
More haste, less speed.)*

Урок 13 (тринадцать). Тринадцатый урок

Упражнение 1. *Match the questions to the answers.*
Соедините вопросы и ответы.

1. Вы е́дете в го́сти.
   Что вы должны́ де́лать? (   )
2. У вас новосе́лье *(house warming party)*. Что вы должны́ де́лать? (   )
3. Ей на́до гото́вить пи́ццу. Что она́ должна́ купи́ть? (   )
4. У вас о́тпуск. Что вы должны́ де́лать? (   )
5. У вас не рабо́тает маши́на. Что вы должны́ де́лать? (   )
6. Вы хоти́те хорошо́ говори́ть по-ру́сски. Что вы должны́ де́лать? (   )

а) Она́ должна́ купи́ть муку́, грибы́ и колбасу́.
б) Я до́лжен пое́хать к автомеха́нику.
в) Я должна́ купи́ть сувени́ры и шокола́д.
г) Чита́ть те́ксты, учи́ть слова́ и мно́го говори́ть.
д) Я до́лжен купи́ть биле́т и собира́ть *(to pack)* бага́ж.
е) Мы должны́ гото́вить у́жин и пригласи́ть госте́й.

Упражнение 2. *Insert the right endings.* Вставьте правильные окончания.

Модель:

   центр город__ → центр го́род**а**

ме́неджер прое́кт__
неде́ля бизнесме́н__
рабо́тник *(employee)* компа́ни__
столи́ца стран__
ве́чер бале́т__
зда́ние теа́тр__
прогно́з пого́д__
план рабо́т__
дире́ктор фи́рм__
студе́нтка университе́т__
маши́на жен__
побере́жье *(coast)* Ту́рци__
президе́нт Фра́нци__
поли́тика Росси́__
шта́ты (states) Аме́рик__

нача́ло го́д__
остано́вка авто́бус__
програ́мма ве́чер__
назва́ние *(name)* у́лиц__
коне́ц ме́сяц__
реше́ние *(decision)* пробле́м__
друг бра́т__
кни́га преподава́тел__
кабине́т ме́неджер__
сын дру́г__
муж сестр__
столи́ца Великобрита́ни__
ка́рта Евро́п__
эконо́мика Казахста́н__
куро́рты *(resorts)* Че́хи__

13

Упражнение 3. *Insert the right endings.*

Вставьте правильные окончания.

1. Принесите, пожалуйста, бокал (*glass*) вин__, бутылку кока-кол __ и кружку (*glass*) пив__ .
2. Дайте, пожалуйста, пакет молок__, пачку (*pack*) ча__ , килограмм мяс__ и буханку (*loaf*) хлеб__ .
3. Я возьму две пачки масл__.
4. Пожалуйста, возьмите две бутылки вин__, полкило сыр__, пачку печень__ и бутылку вод__.
5. Скажите, пожалуйста, у вас есть мёд? Дайте, пожалуйста, банку мёд__.
6. Дайте, пожалуйста, килограмм сахар__ и банку кофе.

Упражнение 4. *Insert the appropriate pronouns.*

Вставьте нужные местоимения.

1. Вечером _____ пойдём в центр города.
2. После работы _____ идут на остановку автобуса.
3. Его нет на работе. _____ поехал в столицу Великобритании.
4. _____ хотите поехать в этом году на побережье Турции?
5. _____ хочу поехать на курорты Чехии.
6. В воскресенье вечером _____ пойдут в театр на вечер балета.
7. _____ завтра пойдёшь в ресторан на юбилей профессора?

Упражнение 5. *Use the verbs* **пойти**/**поехать** *in the appropriate form.*

Напишите глаголы **пойти**/**поехать** *в нужной форме.*

1. Они _____ на море на выходные дни (*days off*).
2. Ты _____ в аэропорт завтра утром.
3. Он _____ вечером в ресторан.
4. Я _____ на встречу в 2 часа.
5. Мы _____ в театр в субботу.
6. Вы _____ на базар.
7. Я _____ на бульвар сегодня вечером.
8. В понедельник она _____ на работу на автобусе.

Упражнение 6. *Use the alternative form for the following sentences.*

Замените предложения альтернативными.

Модель:

Он должен работать завтра. — Ему надо работать завтра.

1. Он должен идти на работу. — _____
2. Мы должны идти в гости. — _____

3. Она́ должна́ е́хать в командиро́вку. — _____

4. Ты должна́ мно́го гуля́ть. — _____

5. Мы должны́ говори́ть по-ру́сски. — _____

6. Вы должны́ де́лать заря́дку (*morning physical exercises*). — _____
_____

7. Я должна́ гото́вить обе́д. — _____

8. Куда́ вы должны́ позвони́ть (*to phone*)? — _____

9. Что они́ должны́ де́лать сего́дня? — _____

10. Ты не до́лжен кури́ть. — _____

Упражне́ние 7. *Provide responses to the statements using the words* **до́лжен/ должна́/должны́** *in the correct form.*

Да́йте сове́т, испо́льзуйте слова́ **до́лжен/должна́/должны́** пойти́/пое́хать.

	СОВЕТ = *advice*
Мой самолёт в три часа́.	Вы должны́ пое́хать в аэропо́рт в 12 часо́в.
Моя́ маши́на не рабо́тает.	
Она́ не мо́жет спать.	
Я о́чень уста́л.	
У него́ большо́й о́тпуск.	
У нас есть мно́го вре́мени до встре́чи.	
Он хо́чет пить пи́во.	
Моя́ сестра́ лю́бит мю́зиклы.	
Ему́ нра́вится мо́ре.	

Упражне́ние 8. *Where or where to?* **Где** *или* **куда́**?

Моде́ль:

(бар) Где ты был в суббо́ту? — В ба́ре.
Куда́ ты идёшь в суббо́ту? — В бар.

1. (гости́ница) Где вы бы́ли в воскресе́нье? — _____
Куда́ вы е́дете сейча́с? — _____

2. (посо́льство) Где ваш друг был вчера́? — _____
Куда́ вы пое́дете за́втра? — _____

3. (шко́ла)   Где ваш сын сейча́с? — _____

Куда́ вы пойдёте в пя́тницу? — _____

4. (апте́ка)   Где ваш шофёр сейча́с? — _____

Куда́ он идёт? — _____

5. (спортклу́б) Где ты был в суббо́ту днём? — _____

Куда́ ты пойдёшь в суббо́ту? — _____

6. (о́фис)   Где ваш ме́неджер? — _____

Куда́ он пое́дет за́втра у́тром? — _____

Упражнение 9. *Finish the sentences using the condition construction as in the model. Закончите предложения по модели.*

Модель:

Я бу́ду загора́ть *(to sunbath)*, е́сли _____ (жа́рко).

Я бу́ду загора́ть, е́сли бу́дет жа́рко.

1. Мы пое́дем на пляж, е́сли _____ (со́лнце).
2. Я пойду́ в кино́, е́сли _____ (интере́сный фильм).
3. Мой друг пойдёт в теа́тр, е́сли _____ (биле́ты).
4. Друзья́ пое́дут в Аме́рику, е́сли _____ (ви́за).
5. Я никуда́ не пойду́, е́сли _____ (плоха́я пого́да).
6. Мой сын не пойдёт в бассе́йн, е́сли _____ (хо́лодно).
7. Мой друзья́ пое́дут за́ город, е́сли _____ (свобо́дное *(free)* вре́мя).
8. Подру́га пое́дет в о́тпуск в Евро́пу, е́сли _____ (де́ньги).

Упражнение 10. *Ответьте на вопросы.*

Что вы должны делать, если…

а) у вас за́втра бу́дет презента́ция?

б) вы е́дете в о́тпуск через неде́лю *(in two weeks time)*?

в) до́ктор написа́л вам реце́пт?

г) вы хоти́те есть ру́сскую еду́?

д) у вас бу́дет миллио́н?

е) у вас плохо́е настрое́ние *(mood)*?

ё) вам опя́ть *(again)* 17 лет?

Упражнение 11. *Insert the verbs* **прийти/приехать** *in the Future tense.*
Напишите глаголы **прийти/приехать** *в будущем времени.*

1. Когда́ ты _____ в о́фис?
2. Когда́ вы _____ на рабо́ту за́втра?
3. Когда́ ваш(а) муж (жена́) _____ сюда́?
4. Когда́ ваш преподава́тель _____ на уро́к?
5. Когда́ _____ го́сти?
6. Когда́ мы _____ из Ло́ндона?
7. Когда́ ваш ме́неджер _____ из о́тпуска?

Упражнение 12. *Ответьте на вопросы.*

1. За́втра я пойду́ на стадио́н смотре́ть футбо́л. **А вы?**
_____

2. Сего́дня ве́чером я пойду́ гуля́ть в центр го́рода. **А вы?**
_____

3. В воскресе́нье я пойду́ в теа́тр на бале́т. **А ва́ши друзья́?**
_____

4. Послеза́втра днём моя́ подру́га пое́дет в суперма́ркет. **А ва́ша подру́га?**
_____

5. Сего́дня ве́чером я не могу́ пойти́ на конце́рт. **А вы?**
_____

6. В э́том году́ мы пое́дем на куро́рт отдыха́ть. **А вы?**
_____

Упражнение 13. а) *Прочитайте диалог.*

План на выходные

— Куда́ пое́хать на выходны́е?
— Дава́й посмо́трим в Интерне́те. Что там предлага́ют?
— Снача́ла ну́жно реши́ть, хоти́м мы пое́хать в го́ры, в лес и́ли на мо́ре. Что ты предпочита́ешь?
— На́до поду́мать!
— Посмотри́! Мо́жно пое́хать на мо́ре. На са́йте есть хоро́шее предложе́ние: гости́ница, пляж, за́втрак, обе́д и у́жин.
— Ско́лько сто́ит ко́мната на выходны́е?
— Недо́рого.
— Это далеко́?

— Нет, не о́чень. Оди́н час на по́езде и пото́м от вокза́ла до гости́ницы 30 мину́т на такси́. Бу́дем гуля́ть, смотре́ть краси́вые места́ и получа́ть удово́льствие. Э́то бу́дет о́чень романти́чно! Пое́дем?

— Да, коне́чно! Е́дем в пя́тницу!

Новые слова:

предлага́ть = to suggest, to propose
предложе́ние = offer
реши́ть = to decide

предпочита́ть = to prefer
получа́ть удово́льствие = to enjoy

б) *Отве́тьте на вопросы.*

1. Куда́ они́ хотя́т пое́хать?
2. Когда́ они́ хотя́т пое́хать?
3. Они́ пое́дут на мо́ре?
4. Ско́лько сто́ит ко́мната в гости́нице на выходны́е?
5. Куда́ вы плани́руете пое́хать на выходны́е?

Упражнение 14. *Write the questions for these answers, use the key words in bold. Напишите вопросы к выделенным словам.*

Модель:

— Куда́ ваш друг пое́дет в сентябре́?
— В сентябре́ наш друг пое́дет отдыха́ть **в Шотла́ндию**.

1. _____
— Она́ пое́дет в аэропо́рт **в 7 часо́в**.
2. _____
— Мы пое́дем на пляж **в воскресе́нье**.
3. _____
— Вы пое́дете в Гру́зию в пя́тницу ве́чером **на по́езде**.
4. _____
— За́втра на платфо́рму пое́дут **инжене́ры**.
5. _____
— Ве́чером в 6 часо́в Ви́ктор пое́хал **в теа́тр**.
6. _____
— Она́ пое́хала в центр **два часа́ наза́д**.
7. _____
— Он взял такси́ и пое́хал на рабо́ту, **потому́ что у него́ бы́ло ма́ло вре́мени**.

Упражнение 15. *Test yourself. Проверьте себя.*

Как это по-английски?

по-русски	по-английски	по-русски	по-английски
аэропо́рт		ме́сто	
бага́ж		па́спорт	
бар		пассажи́р	
буфе́т		платфо́рма	
ваго́н		по́езд	
ваго́н-рестора́н		по́езд-экспре́сс	
ви́за		рестора́н	
вокза́л		самолёт	
деклара́ция		ста́нция	
де́ньги		такси́	
ка́сса		транзи́т	
контро́ль		шофёр/води́тель	

Новые слова:

обме́н валю́ты = exchange   **валю́та** = currency
проводни́к = conductor in a train   **рейс** = flight (in the airport)
тамо́жня = customs   **чемода́н** = suit-case
су́мка = bag / hand bag   **купе́** = compartment (in a train)

13

Упражнение 16. *Read the text and tell us about the transport system in your city. Прочитайте текст и расскажите о транспорте в вашем городе.*

Тра́нспорт в го́роде

Столи́ца — э́то большо́й тра́нспортный центр. Здесь есть аэропо́рты, вокза́лы, автоста́нции и ста́нции метро́.

Обы́чно аэропо́рты нахо́дятся за́ городом. Туда́ мо́жно пое́хать на метро́, по́езде, авто́бусе и́ли на такси́.

Вокза́лы обы́чно нахо́дятся в го́роде. О́коло вокза́лов есть ста́нции метро́ и́ли автоста́нции и стоя́нки такси́. Биле́ты на по́езд мо́жно купи́ть в ка́ссах на вокза́ле, а на самолёт — в авиака́ссах и́ли турагéнтствах.

Éсли челове́к хо́чет пое́хать за́ город, он мо́жет пое́хать на авто́бусе. Ему́ на́до купи́ть биле́т на автоста́нции (автовокза́ле).

В го́роде о́чень мно́го такси́. На у́лице всегда́ мо́жно останови́ть такси́ и пое́хать, куда́ вам на́до. Но иногда́ лю́ди предпочита́ют метро́, потому́ что в це́нтре го́рода мо́гут быть больши́е про́бки.

Метро́ — са́мый *(most)* популя́рный тра́нспорт. Это бы́стрый, дешёвый и удо́бный вид тра́нспорта.

На у́лицах го́рода вы ви́дите авто́бусы и микроавто́бусы — маршру́тные такси́. Это то́же бы́стрый и удо́бный тра́нспорт.

Скажи́те, како́й тра́нспорт вы предпочита́ете и почему́.

Упражне́ние 17. *Fill in the blanks with the correct prepositions.*

Заполните пропуски нужными предлогами.

Мой друг Ви́ктор ка́ждый день хо́дит *(goes)* _____ стадио́н. За́втра он пойдёт _____ рабо́ту ра́но.

— Когда́ он прие́хал _____ о́фиса вчера́?

— Он прие́хал _____ 7 часо́в.

_____ воскресе́нье Ви́ктор и его́ подру́га пойду́т _____ теа́тр _____ 6 часо́в, а приду́т _____ теа́тра _____ 10 часо́в.

Я то́же бу́ду отдыха́ть _____ воскресе́нье. Мо́жет быть, мы пойдём _____ конце́рт и́ли _____ экску́рсию. А в понеде́льник мы пойдём _____ собра́ние. Оно́ бу́дет _____ о́фисе _____ 10 часо́в. Мы придём _____ собра́ния через 2 часа́.

Упражне́ние 18. *Fill in the table.*

Заполните таблицу.

Кто?	Что делает/делал?	Что?	О ком? О чём?
Мы	чита́ем	статью́	о Москве́.
	чита́ли		
	смотре́ли		
	говори́л		

Упражнение 19. *Answer the questions using this table.*

Ответьте на вопросы, используйте данную таблицу.

The Present tense	The Past tense	The Future tense
он **до́лжен** чита́ть	он **до́лжен был** спать	он **до́лжен бу́дет** отдыха́ть
она́ **должна́** знать	она́ **должна́ была́** позвони́ть	она́ **должна́ бу́дет** де́лать
они́ **должны́** рабо́тать	они́ **должны́ бы́ли** рабо́тать	они́ **должны́ бу́дут** писа́ть

1. Почему́ вы должны́ рабо́тать ка́ждый день?
2. Кто до́лжен был пое́хать в о́тпуск в сентябре́?
3. Что ваш ассисте́нт до́лжен был де́лать вчера́?
4. Куда́ вы должны́ пойти́ за́втра?
5. Где ва́ша подру́га должна́ была́ быть у́тром?
6. Вы должны́ позвони́ть домо́й?
7. Когда́ вы должны́ бу́дете пойти́ на уро́к?
8. Кто ещё *(else)* до́лжен прийти́ на уро́к?

Упражнение 20. а) *Write the correct endings.*

Напишите правильные окончания.

Оди́н день води́теля

Сего́дня води́тель компа́н___ е́дет из гара́ж___ в дом дире́ктор___, из дом___ дире́ктор___ в о́фис фи́рм___.

В 9 часо́в води́тель и бухга́лтер прое́кт___ пое́дут на маши́не в банк. Из ба́нк___ они́ пое́дут в о́фис партнёр___.

Пото́м води́тель пое́дет в о́фис на маши́не, а бухга́лтер до́лжен бу́дет пое́хать на метро́.

У дире́ктор___ есть ва́жная встре́ча в це́нтре го́род___ в о́фисе мини́стр___. Днём они́ пое́дут в министе́рство.

По́сле обе́д___ ассисте́нт ме́неджер___ пое́дет на маши́не в магази́н купи́ть цветы́ и торт для Ната́ш___, потому́ что у неё сего́дня день рожде́ния. Ната́ша — э́то наш консульта́нт из Москв___.

В 4 час___ все колле́ги бу́дут пить чай в хо́лле о́фис___ и поздравля́ть *(congratulate)* Ната́ш___ с днём рожде́ния.

Сего́дня прие́дет гость из Ло́ндон___, поэ́тому по́сле рабо́т___ води́тель пое́дет из о́фис___ в аэропо́рт, из аэропо́рт___ в гости́ниц___, где гость бу́дет жить. Из гости́ниц___ води́тель пое́дет домо́й.

13

б) *Make the story about driver's day using the scheme.*
Составьте рассказ о дне водителя, используйте схему.

Упражнение 21. *Write in the answers to the clues and find the vertical word.*
Напишите ответы по горизонтали и найдите слово по вертикали.

Новые слова:

расписа́ние = schedule
лета́ть = to fly

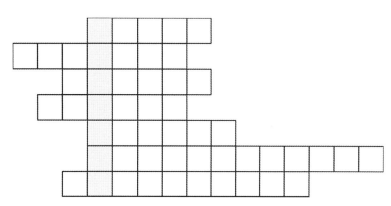

По горизонтали:

1. Я е́ду в столи́цу Фра́нции _____ .
2. Туда́ лети́т хоро́ший но́вый _____ .
3. Я люблю́ _____ на самолётах авиакомпа́нии «Люфтга́нза».
4. Я хочу́ купи́ть биле́ты в _____ -класс.
5. Я до́лжен взять с собо́й (*take with me*) _____ .
6. Сейча́с я е́ду в Пари́ж, потому́ что у меня́ _____ .
7. Сего́дня мне на́до купи́ть биле́т и узна́ть _____ самолётов.

Используйте слова: де́ньги, самолёт, Пари́ж, би́знес, расписа́ние, лета́ть, командиро́вка.

Practice Your Handwriting

Упражнение 22. *Пишите по-русски.*

$$Ж = \mathcal{M}$$
$$ж = \mathit{ж}$$

Жизе́ль _____

Жозефи́на _____

Жан **Ж**ак Руссо́ _____

Жа́нна Д'Арк _____

Жюль Верн _____

Рио-де-**Ж**ане́йро _____

же́нщина _____

жена́ _____

журнали́ст _____

жа́рко _____

жизнь _____

Рождество́ _____

Жене́ва _____

жира́ф _____

жаль _____

жарго́н _____

жест _____

жиле́т _____

жёлтый _____

13

Урок 14 (четырнадцать).
Четырнадцатый урок

Упражнение 1. *Match the right part to the left part.*
Соедините правую и левую части.

1. Где гостиница «Европа»? (   )
2. Как вы говорите по-русски? (   )
3. Где вы были вчера? (   )
4. Сколько времени вы были в ресторане? (   )
5. Когда будет вечер? (   )
6. Где мы встретимся *(to meet)* завтра? (   )
7. Что вы будете делать в воскресенье? (   )

8. Куда поедут ваши друзья в пятницу вечером? (   )

9. Сколько стоит билет? (   )

10. Чьи это вещи *(things)*? (   )

11. Кто забыл *(forgot)* эту папку на столе? (   )

а) Билет стоит дорого.
б) В пятницу, в 8 часов.
в) Два часа.
г) Мы были на балете.
д) Это я забыл.
е) Пока немного.
ж) Идите прямо, потом направо.

з) Думаю, что их.

и) Около театра оперы и балета.

к) Они поедут в горы на выходные.

л) Мы будем играть в теннис.

ЗАПОМНИТЕ!

кататься = *to ride, to go for pleasure*

я катаю**сь**	на машине
ты ката**ешься**	на яхте (на лодке, на катере)
он/она ката**ется**	на лыжах *(skiing)*
мы ката**емся**	на коньках *(skating)*
вы ката**етесь**	на велосипеде *(cycling)*
они ката**ются**	на лошади *(horse riding)*

Упражнение 2. *Insert the verb* **кататься** *in the appropriate form.*
Вставьте глагол **кататься** *в нужной форме.*

1. Зимой я _____ на лыжах в Грузии.
2. В мае я поеду _____ на яхте в Испании.
3. Я планирую _____ на лошади на ипподроме.
4. Мой сын _____ на мотоцикле в свободное время.

5. Мой друзья́ _____ на велосипе́де в выходны́е дни.
6. Вы _____ на конька́х?
7. Ты _____ на маши́не в о́тпуске?

Упражне́ние 3. *Insert the words given in the box in the appropriate form.*
Вставьте слова, данные в рамке, в нужной форме.

1. _____ я пое́ду в Ки́ев.
2. _____ мой люби́мый *(favorite)* ме́сяц.
3. _____ мой друг бу́дет в Санкт-Петербу́рге.
4. _____ моя́ колле́га бу́дет рабо́тать в Москве́.
5. Ваш о́тпуск бу́дет _____?
6. Мой друзья́ прие́дут _____ .
7. Моя́ подру́га е́дет отдыха́ть _____ .
8. Ва́ши роди́тели прие́дут на Рождество́ _____ .
9. На́ши партнёры е́дут в командиро́вку в Аме́рику _____ .
10. У нас бу́дет конфере́нция _____ .
11. Куда́ вы пое́дете _____?
12. Наш консульта́нт из Ло́ндона прие́дет _____ на вы́ставку.

янва́рь
февра́ль
март
апре́ль
май
ию́нь
ию́ль
а́вгуст
сентя́брь
октя́брь
ноя́брь
дека́брь

Упражне́ние 4. *Fill in the gaps using the prepositions given in the box.*
Заполните пропуски, вставьте нужные предлоги из рамки.

1. О́фис нахо́дится _____ магази́ном и ба́нком.
2. Вчера́ мы бы́ли в ба́ре _____ дру́гом и подру́гой.
3. Ключ лежи́т _____ газе́той.
4. Остано́вка авто́буса _____ магази́ном.
5. Ла́мпа виси́т _____ столо́м.
6. Туале́ты нахо́дятся _____ ли́фтом.
7. Мы бу́дем ждать тебя́ _____ кинотеа́тром.
8. _____ окно́м ты уви́дишь большу́ю анте́нну.
9. Мы бу́дем пить чай _____ лимо́ном и _____ са́харом.
10. Вы хоти́те сала́т _____ майоне́зом и́ли _____ смета́ной?

ме́жду
с
под
перед
над
за

ЗАПО́МНИТЕ!   **занима́ться** *(to be occupied with, to do)* **чем?**
интересова́ться *(to be interested in)* **чем?**
увлека́ться *(to be keen on)* **чем?**
станови́ться — стать *(to become)* **кем?**

Упражнение 5. *Put the words in brackets in the correct form.*
Напишите данные в скобках слова в правильной форме.

1. Дочки интересуются _____ (балет).

2. Мой друг увлекается _____ (футбол).

3. Подруга занимается _____ (аэробика).

4. Мы довольны *(content with)* _____ (еда).

5. Мы любуемся *(to admire)* _____ (красота) природы.

6. Отец друга работает _____ (программист).

7. Его отец был хорошим _____ (специалист).

8. Мы едим _____ (вилка, ложка, нож), а китайцы едят _____ (палочки   *chop sticks*).

9. Когда мой друг пьёт водку, он становится _____ (болтун — *chatterbox*).

Упражнение 6. *Make up requests of customer in the restaurant by giving the Instrumental case of the following words.* Сделайте заказ в ресторане, используйте слова в творительном падеже.

а) Модель:

(картошка) — Дайте, мне, пожалуйста, рыбу с картошк**ой**.

1. (сыр) _____

2. (салат) _____

3. (рис) _____

4. (хлеб) _____

5. (сметана) _____

б) Модель:

(сахар) — Принесите, мне, пожалуйста, чай с сахар**ом**.

6. (молоко) _____

7. (лимон) _____

8. (печенье) _____

9. (торт) _____

10. (лёд — *ice*) _____

11. (газ) _____

Упражнение 7. Ответьте на вопросы.

Что вам нравится больше?..

1. … пла́вать *(to swim)* с друзь**я́ми** в мо́ре и́ли пла́вать с детьм**и́** в бассе́йне?
2. …игра́ть в го́льф с друзь**я́ми** и́ли игра́ть на пиани́но с учи́тел**ем**?
3. …гуля́ть в па́рке с соба́к**ой** и́ли гуля́ть на бульва́ре с ребёнк**ом**?
4. …быть в рестора́не с подру́г**ой** и́ли с колле́г**ой**?
5. …занима́ться спо́рт**ом** и́ли интересова́ться спо́рт**ом**?
6. …интересова́ться поли́тикой и́ли игра́ть в те́ннис с дру́г**ом**?
7. …отдыха́ть с колле́г**ами** и́ли с друзь**я́ми**?

Упражнение 8. Write the questions for these answers, use the key words in bold. Напишите вопросы к выделенным словам.

Модель:

— Куда́ вы пое́дете в декабре́?
— В декабре́ мы пое́дем **в Пари́ж**.

1. _____
— Мы плани́руем пое́хать в о́тпуск **в ма́е**.
2. _____
— **Мой но́вый ме́неджер** прие́дет в ию́ле.
3. _____
— Мы прие́дем **из командиро́вки** че́рез неде́лю.
4. _____
— За́втра я прие́ду в о́фис ра́но, **потому́ что мне на́до гото́вить докуме́нты**.
5. _____
— **В феврале́** моя́ жена́ прие́дет сюда́.
6. _____
— В декабре́ бу́дет большо́й **корпорати́вный** ве́чер.
7. _____
— Мы хоти́м пое́хать **в апре́ле** на фестива́ль в Дуба́й.

Упражнение 9. Read the text. Tell what you know about пирожки. Прочита́йте текст. Расскажи́те, что вы узна́ли о пирожка́х.

Пирожки́

Вы е́ли ру́сские пирожки́? Нет? Пирожки́ мо́жно купи́ть в рестора́не, в кафе́, в магази́не. И все они́ о́чень вку́сные. Ру́сские де́лают пирожки́ с мя́сом, с карто́шкой,

14

с капустой, с грибами, с рисом и яйцами с луком. А есть пирожки с вишней, с яблоками, с айвой. Это сладкие пирожки. Пирожки могут быть горячие и холодные. Их можно есть как закуску и как десерт. У нас едят пирожки и пьют чай. Чай пьют сладкий или с вареньем. Варенье — это не джем. Варенье готовят из фруктов с сахаром. Вы можете попробовать варенье из клубники, из абрикосов, из вишни, из черешни, из инжира, из кизила, из айвы, из малины, из орехов и из других фруктов и ягод. Его едят чайной ложкой и пьют чай.

Мы любим пить горячий чай из самовара. У нас нет традиции пить холодный чай даже летом.

Самовары есть электрические и на углях. Вы можете увидеть самовары разной формы, даже с рисунком и медалями. Этот очень хороший сувенир вы можете купить в магазине.

Новые слова:

инжир = fig	**вишня** = cherry
черешня = sweet cherry	**айва** = quince
клубника = strawberries	**кизил** = cornel
уголь = coal	**малина** = raspberries
попробовать = to try	**рисунок** = pattern
закуска = snack	**ягода** = berries
сладкий = sweet	**даже** = even

Упражнение 10. *Fill in the blanks with the correct form of the verbs in brackets. Заполните пропуски глаголами, данными в скобках, в правильной форме.*

Меня зовут Джон. Я англичанин. Сейчас я _____ (жить) и _____ (работать) в Баку. Раньше я немного _____ (жить) и _____ (работать) в России, но я не _____ (говорить) по-русски. Когда я _____ (приехать) в Баку, я _____ (начать) изучать русский язык. Сейчас я немного _____ (говорить), _____ (читать) и _____ (писать) по-русски. Мои коллеги в офисе _____ (говорить) по-английски, потому что они _____ (работать) в международной

(*international*) нефтяно́й компа́нии. Все они́ _____ (мочь) говори́ть по-
ру́сски и по-азербайджа́нски. Они́ _____ (знать) ру́сский язы́к, потому́
что _____ (учи́ть) его́ в шко́ле и университе́те, чита́ют кни́ги и смо́трят
фи́льмы по-ру́сски, и _____ (знать) азербайджа́нский язы́к, потому́ что
э́то их родно́й (*native*) язы́к.

Упражне́ние 11. *Write these ordinal numerals.*
            Напишите порядковые числительные словами.

2 _____ гру́ппа		7 _____ ко́мната
21 _____ страни́ца (*page*)		3 _____ эта́ж
12 _____ упражне́ние		6 _____ авто́бус
29 _____ кана́л		1 _____ год
3 _____ програ́мма		95 _____ бензи́н
1 _____ слова́		1 _____ уро́ки
2 _____ блю́до		4 _____ раз
5 _____ по́езд		10 _____ платфо́рма
8 _____ термина́л		9 _____ неде́ля
3 _____ места́		2 _____ блю́да

Упражне́ние 12. *Translate these sentences. Переведите предложения.*

1. Will you go for lunch with me?

_____

2. Yes, I will go with you.

_____

3. Will your girlfriend go with us?

_____

4. No, she goes with her sister to the restaurant.

_____

5. Can we go with them?

_____

6. Why not? Our friend will be there too and we can talk with him.

_____

14

Упражнение 13. *Create some texts. Составьте тексты.*

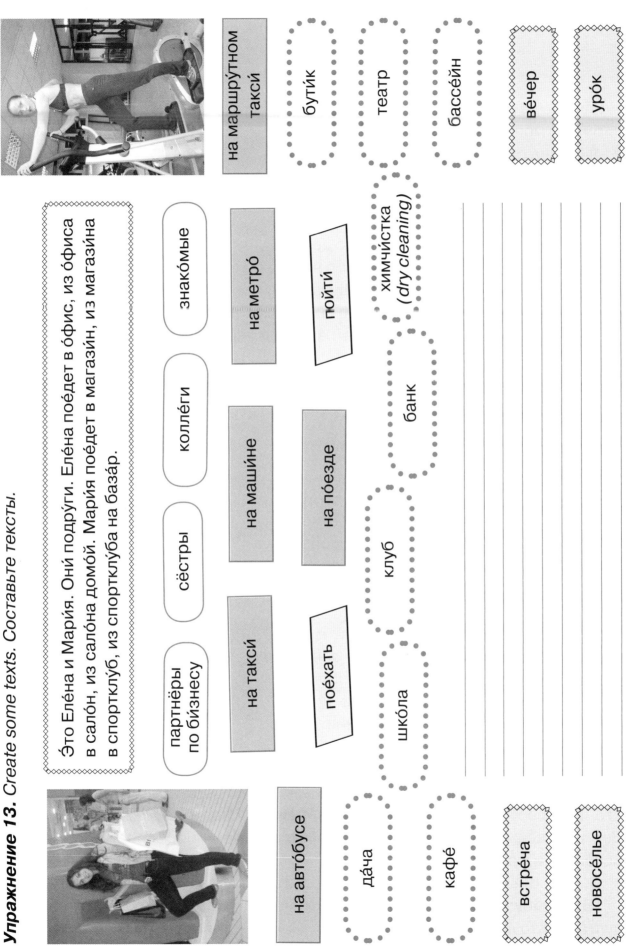

Это Елёна и Мария. Они подруги. Елёна поедет в офис, из офиса в салон, из салона домой. Мария поедет в магазин, из магазина в спортклуб, из спортклуба на базар.

на маршрутном такси

бутик

театр

бассейн

вечер

урок

знакомые

на метро

пойти

химчистка *(dry cleaning)*

банк

коллеги

на машине

на поезде

клуб

сёстры

партнёры по бизнесу

на такси

поехать

школа

на автобусе

дача

кафе

встреча

новоселье

⭐ **Упражнение 14.** *Read these sentences and find the words in the Instrumental case (Plural). Прочитайте предложения и найдите слова во множественном числе.*

1. Ра́ньше де́ти хоте́ли быть космона́втами, а сейча́с они́ хотя́т стать бизнесме́нами.
2. Я был на стадио́не с друзья́ми.
3. На столе́ стои́т ва́за с цвета́ми.
4. Они́ бы́ли в кино́ с подру́гами.
5. Мы обсужда́ли прое́кт с колле́гами.
6. Ве́чером по́сле рабо́ты я игра́ю с детьми́.
7. Вы е́ли блины́ с гриба́ми и пиро́г с я́блоками вчера́?
8. В суббо́ту мы пойдём в теа́тр с друзья́ми.
9. Ме́неджер плани́рует встре́чу со специали́стами в за́ле.
10. Фи́рма подписа́ла *(signed)* контра́кт с партнёрами.

⭐ **Упражнение 15.** *Read the text. Have you been in Istanbul? Прочитайте текст. Скажите, вы были в Стамбуле?*

Стамбу́л

Стамбу́л — э́то о́чень дре́вний го́род. Все говоря́т, что э́то «жемчу́жина» Босфо́ра. Ра́ньше он называ́лся Бизантио́ном, Византи́ей, Царьгра́дом, Константино́полем. Он нахо́дится на перекрёстке контине́нтов. Проли́в Босфо́р де́лит Евро́пу и А́зию. Два моста́ соединя́ют э́ти контине́нты.

В це́нтре го́рода — изве́стный мост. С одно́й стороны́ моста́ нахо́дится за́падная европе́йская, ста́рая часть го́рода, с друго́й стороны́ — совреме́нный делово́й райо́н. Здесь есть гости́ницы, кинотеа́тры, рестора́ны, компа́нии, магази́ны, большо́й торго́вый центр Капито́ль с кинотеа́трами и конце́ртным за́лом.

О́чень интере́сное ме́сто в Стамбу́ле — э́то Большо́й стамбу́льский база́р. Кто интересу́ется поку́пками, сувени́рами, коврами́, до́лжен идти́ туда́. Все продавцы́ говоря́т немно́го по-ру́сски, по-англи́йски, по-неме́цки, по-испа́нски и лю́бят торгова́ться.

Кто лю́бит мо́ре, мо́жет ката́ться на я́хте по мо́рю и проли́ву.

В Стамбу́ле интере́сные дворцы́ и мече́ти, кото́рые стро́или туре́цкие султа́ны. Кто лю́бит исто́рию и культу́ру, мо́жет пойти́ туда́ на экску́рсию.

Новые слова:

дре́вний = ancient

жемчу́жина = pearl

часть = part

перекрёсток = crossroad

торго́вый = trade

стро́ить = to build

торгова́ться = to bargain

называ́ться = to call

дели́ть = to divide

соединя́ть = to connect

проли́в = strait

делово́й = business

поку́пки = shopping

Practice Your Handwriting

Упражнение 16. *Пишите по-русски.*

$$\textbf{X} = \mathcal{X}$$
$$\textbf{x} = x$$

Хе́льсинки _____

Хано́й _____

Хаба́ровск _____

хо́лодно _____

хозя́ин *(owner)* _____

хоккей _____

хулига́н

Хироси́ма _____

Ху́лио Игле́сиас _____

Хворосто́вский _____

хара́ктер _____

худо́жник *(artist)* _____

хруста́ль _____

хлеб _____

Мы так говорим:

Пе́рвый блин — ко́мом.
(The first pancake is messy.)

Привы́чка — **втора́я** нату́ра.
(Habit is a second nature.)

За му́жем, как за ка́менной стено́й.
(The wife behind the husband means to be like being behind a stone wall.)

Урок 15 [пятнадцать]. Пятнадцатый урок

Упражнение 1. *Match the questions to the answers.*
Соедините вопросы и ответы.

1. Когда́ бу́дет ру́сское Рождество́? (   )

2. Како́е сего́дня число́? (   )

3. Когда́ прие́дет ваш друг? (   )

4. Когда́ пра́здник День Побе́ды
   (Victory Day)? (   )

5. Когда́ бу́дет Па́сха *(Easter)*
   в э́том году́? (   )

6. Како́е число́ бы́ло вчера́? (   )

а) Два́дцать пе́рвое ию́ня.

б) В э́том году́ ру́сская Па́сха
   пе́рвого ма́я.

в) Девя́того ма́я.

г) Он прие́дет восемна́дцатого
   ма́рта.

д) Сего́дня два́дцать второ́е ию́ня.

е) Седьмо́го января́.

Упражнение 2. *Put the words in brackets in the correct form.*
Напишите слова в скобках в правильной форме.

1. Конфере́нция начина́ется _____
   (25 / а́вгуст).

2. Вы́ставка конча́ется _____
   (7 / ию́нь).

> **начина́ться** = *to start*
> **конча́ться** = *to finish*

3. В шко́ле уро́ки начина́ются _____ (1 / сентя́брь).

4. О́тпуск конча́ется _____ (17 / ию́ль).

5. Я е́ду в командиро́вку _____ (3 / март).

6. Марафо́н в Берли́не начина́ется _____ (28 / апре́ль).

7. Курс ру́сского языка́ конча́ется _____ (22 / февра́ль).

15

Упражнение 3. а) *Read the text. Прочитайте текст.*

Ба́йкеры

Вы встреча́ли Джо́на? Он америка́нец, но уже́ мно́го лет живёт и рабо́тает в Баку́. Он говори́т, что здесь его́ второ́й дом. Джон интере́сный челове́к, потому́ что у него́ мно́го интере́сов. Он лю́бит путеше́ствовать *(to travel)*, игра́ет в баскетбо́л, интересу́ется джа́зом и иску́сством *(art)*, увлека́ется йо́гой и занима́ется ру́сским языко́м.

Неда́вно у него́ была́ встре́ча с журнали́стом с телеви́дения. Журнали́ст интересова́лся хо́бби Джо́на. Его́ хо́бби — ката́ться на мотоци́кле. Он ба́йкер. Он и его́ друзья́-ба́йкеры организова́ли гру́ппу «Баки́нские плохи́е ма́льчики». В гру́ппе о́коло двадцати́ челове́к. Э́то инжене́ры, спортсме́ны, худо́жники,

мéнеджеры, бизнесмéны, но в суббóту и в воскресéнье онѝ катáются на мотоцѝклах на Апшерóне*, зимóй и лéтом, и когдá идёт снег ѝли дождь. Для Бакý это óчень необы́чное хóбби. Все лю́ди в гóроде смóтрят, когдá эта грýппа éдет чéрез (through) центр гóрода. Джон катáется на мотоцѝкле «Урáл». Это стáрый совéтский мотоцѝкл с коля́ской (side-car), но в Амéрике у негó есть нóвый красѝвый и дорогóй мотоцѝкл «Хáрлей Дэ́видсон».

Éсли вы увѝдите по телевѝзору прогрáмму о бáйкерах из Бакý, бýдьте увéрены (be sure) — это о Джóне и егó друзья́х.

б) *Отвéтьте на вопрóсы.*

1. Где живёт и рабóтает Джон?
2. Почемý Бакý для негó — вторóй дом?
3. Чем интересýется Джон?
4. Чем он увлекáется?
5. Чем он занимáется?
6. С кем у негó недáвно былá встрéча?
7. Чем интересовáлся журналѝст?
8. Какóе хóбби у Джóна?
9. Как называ́ется грýппа бáйкеров?
10. Скóлько человéк в этой грýппе?
11. Где онѝ катáются?

---

* Апшерóн = Апшерóнский полуóстров (peninsula) на Каспѝйском мóре.

Упражнение 4. *Remember new meanings of the verb* **идти** *and answer the questions. Запомните новые значения глагола* **идти** *и ответьте на вопросы.*

ИДТИ

Дождь идёт.

Снег идёт.

Время идёт. →

Автобус идёт.

Часы идут.

Фильм/балет/опера/
программа идёт.

Блузка/костюм/
цвет/стиль идёт.

1. Что вам нравится делать, когда идёт дождь / идёт снег?
2. В вашем городе идёт снег на Новый год и Рождество?
3. Вы знаете, какой автобус идёт до центра?
4. Ваши часы идут? Сколько сейчас времени?
5. Вы знаете, что на этой неделе идёт в театре оперы и балета?
6. Вы знаете актрису Джулию Робертс? Как вы думаете, ей идёт классический стиль?

Упражнение 5. а) *Form adverbs from the following adjectives.*
        Образуйте наречия от данных прилагательных.

глу́пый — глу́по   тёплый — _____

прия́тный — _____   шу́мный *(noisy)* — _____

акти́вный — _____   энерги́чный — _____

ме́дленный — _____   холо́дный — _____

ую́тный — _____   весёлый — _____

высо́кий — _____   ни́зкий — _____

б) *Form adjectives from the following adverbs.*
   Образуйте прилагательные от наречий.

внима́тельно *(attentively)* — внима́тельный

бы́стро — _____   непра́вильно— _____

гро́мко — _____   я́рко *(bright)* — _____

ко́ротко — _____   чи́сто *(clean)* — _____

си́льно — _____   жа́рко — _____

гру́стно — _____   светло́ — _____

гря́зно— _____

в) *Find adverbs for the following verbs.*
   Подберите наречия к глаголам.

Модель:

   чита́ть **(как?)** — бы́стро, ме́дленно, пра́вильно, хорошо́, по-ру́сски

рабо́тать **(как?)** — _____

писа́ть **(как?)** — _____

говори́ть **(как?)** — _____

игра́ть **(как?)** — _____

г) *Find verbs for the following adverbs.*
   Подберите глаголы к наречиям.

Модель:

   хорошо́ **(что де́лать?)** — писа́ть, говори́ть, ви́деть…

пло́хо **(что делать?)** — _____

ме́дленно **(что делать?)** — _____

гро́мко **(что делать?)** — _____

краси́во **(что делать?)** — _____

Упражнение 6. *Choose the appropriate word and write the correct endings if necessary.* Выберите нужное слово и напишите правильные окончания, если необходимо.

1. Он о́чень _____ говори́т.   **интере́сный/интере́сно**
   Это _____ ле́кция.

2. Мо́царт _____ компози́тор.   **хоро́ший/хорошо́**
   Вы _____ зна́ете го́род?

3. Она́ танцу́ет _____ .   **краси́вый/краси́во**
   О́чень _____ му́зыка.

4. Я _____ зна́ю матема́тику.   **плохо́й/пло́хо**
   Я ду́маю, э́то _____ иде́я.

5. Ассисте́нт отвеча́ет о́чень _____ .   **бы́стрый/бы́стро**
   Это _____ отве́т.

6. Мне э́то вре́мя о́чень _____ .   **удо́бный/удо́бно**
   На́ша кварти́ра _____ .

Упражнение 7. а) *Write the questions for the words in bold.* Напишите вопросы **какой?** *или* **как?** *к выделенным словам.*

Модель:

   молодо́й челове́к — **како́й** челове́к?

жёлтое я́блоко — _____   смотре́ть **внима́тельно** — _____
дли́нное сло́во — _____   **я́рко** свети́ть — _____
дли́нный день — _____   **холо́дный** ве́тер — _____
холо́дная зима́ — _____   писа́ть **пло́хо** — _____
коро́ткая ночь — _____   **холо́дные** дожди́ — _____
здесь **жа́рко** — _____   говори́ть **ме́дленно** — _____
си́льный моро́з *(frost)* — _____

б) *Write several sentences using the word combinations given above.*
   Напишите предложения с данными выше словосочетаниями.

_____

_____

_____

_____

_____

_____

_____

_____

Упражнение 8. *Write the opposites.* Напишите антонимы.

гру́стно — _____   интере́сно — _____

у́мно — _____   по́здно — _____

хо́лодно — _____   ре́дко *(seldom)* — _____

прекра́сно — _____   иногда́ — _____

давно́ — _____   у́тром — _____

гро́мко — _____   но́чью — _____

хорошо́ — _____   чи́сто — _____

бы́стрый — _____   светло́ — _____

чёрный — _____   ме́дленно — _____

тёплый — _____   пра́вильно — _____

дли́нный — _____

Упражнение 9. *Ответьте на вопросы.*

1. Како́го числа́ ва́ша подру́га пое́дет в о́тпуск?

_____

2. Когда́ ме́неджер пое́хал в командиро́вку?

_____

3. Когда́ он прие́дет обра́тно *(come back)*?

_____

4. Когда́ вы перее́хали *(moved)* в но́вый о́фис?

_____

5. Когда́ прие́дет ваш колле́га из Стамбу́ла?

_____

6. Когда́ бу́дет но́вая вы́ставка?

_____

7. Когда́ вы пое́дете на ку́рсы?

_____

8. Како́го числа́ день Свято́го Валенти́на?

_____

9. Вы зна́ете, како́го числа́ пра́здник Же́нский день?

_____

10. Когда́ бу́дут кани́кулы в шко́ле?

_____

11. Како́го числа́ ваш день рожде́ния?

_____

12. Когда́ день рожде́ния жены́ (му́жа)?

_____

ЗАПОМНИТЕ!

В рестора́не говоря́т:

Мы бу́дем	сала́т со смета́ной, ма́слом
Мы хоти́м	суп с ку́рицей
Мы хоти́м заказа́ть *(to order)*	мя́со с карто́шкой
Я бу́ду ку́шать (есть)	ры́бу с ри́сом
Я хочу́ попро́бовать	блины́ с мя́сом
Я хоте́л бы заказа́ть	блины́ с дже́мом
Мо́жно заказа́ть	пи́ццу с колбасо́й
пи́ццу с сы́ром	
моро́женое *(ice-cream)* с шокола́дом	
Мы бу́дем пить	апельси́новый сок со льдом
Мо́жно ещё *(more)*	чёрный ко́фе с са́харом
одно́ пи́во,	
одну́ минера́льную во́ду (с га́зом)	

15

Упражнение 10. *Прочитайте меню в ресторане и сделайте заказ.*

МЕНЮ́

НАПИ́ТКИ = *beverages*
- бе́лое вино́
- кра́сное вино́
- су́хое вино́ = *dry wine*
- во́дка
- конья́к
- ко́фе
- кака́о = *hot chocolate*
- минера́льная вода́
- пи́во
- сок
- квас = *kvass*
- компо́т

ЗАКУ́СКИ = *appetizers*
- грибы́
- кра́сная икра́
- чёрная икра́
- колба́сное ассорти́ = *sausage assortment*
- мясно́е ассорти́
- ры́бное ассорти́
- сы́рное ассорти́

САЛА́ТЫ
- мясно́й = *meat salad*
- овощно́й = *vegetable salad*
- ры́бный = *fish salad*
- зелёный = *fresh salad*

ПЕ́РВОЕ = *the first course*
- борщ = *beetroot soup, borscht*
- грибно́й суп = *mushroom soup*
- щи = *cabbage soup*
- соля́нка = *solyanka* (*sharp testing soup*)

ВТОРО́Е = *the main (second) course*
- ры́ба
- мя́со
- бара́нина = *lamb*
- говя́дина = *beef*
- свини́на = *pork*
- бифште́кс = *steak*
- ветчина́ = *ham*
- котле́та = *cutlet*
- пельме́ни = *pelmeni (Siberian)*
- ро́стбиф = *roast beef*
- шни́цель = *schnitzel*
- ку́рица/цыплёнок = *chicken*
- инде́йка = *turkey*
- гусь = *goose*
- у́тка = *duck*

ФРУ́КТЫ = *fruits*
- абрико́с
- апельси́н
- арбу́з = *watermelon*
- ви́шня
- грана́т = *pomegranate*
- гру́ша = *pear*
- ды́ня = *melon*
- клубни́ка = *strawberries*
- лимо́н
- мандари́н = *tangerine*
- пе́рсик
- сли́ва = *plum*
- сморо́дина = *currants*
- я́блоко

ТРЕ́ТЬЕ = *the third course*
- сла́дкое = *sweet*
- моро́женое сли́вочное = *vanilla* шокола́дное
- пиро́г = *a pie*
- пиро́жное = *small cake*
- кекс = *cupcakes*

Упражнение 11. *Ответьте на вопросы.*

1. Что вы бу́дете зака́зывать на обе́д / на у́жин?
2. Вы вегетариа́нец? Е́сли нет, како́е мя́со вы еди́те?
3. Что вы хоти́те попро́бовать в ру́сском рестора́не?
4. Вы зака́жете ру́сский квас?
5. Что ещё вы бу́дете пить?
6. Каки́е фру́кты вы предпочита́ете?
7. Како́й десе́рт вам нра́вится?

Упражнение 12. *Read how you may cook the Russian salad, borsch and pancakes. Write your favorite recipe. Прочитайте, как можно приготовить русский салат, борщ и блины. Напишите ваш любимый рецепт.*

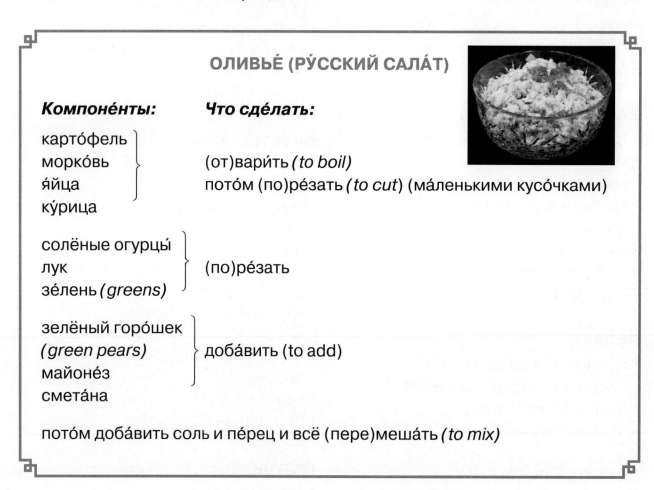

ОЛИВЬЕ́ (РУ́ССКИЙ САЛА́Т)

Компоне́нты: **Что сде́лать:**

картóфель ⎫
морко́вь ⎪   (от)вари́ть *(to boil)*
я́йца   ⎬   пото́м (по)ре́зать *(to cut)* (ма́ленькими кусо́чками)
ку́рица ⎭

солёные огурцы́ ⎫
лук   ⎬ (по)ре́зать
зе́лень *(greens)* ⎭

зелёный горо́шек ⎫
(green pears) ⎪ доба́вить (to add)
майоне́з   ⎬
смета́на   ⎭

пото́м доба́вить соль и пе́рец и всё (пере)меша́ть *(to mix)*

БОРЩ

Компоне́нты:	Что сде́лать:
мясно́й бульо́н	(при)гото́вить
картófель морко́вь свёкла капу́ста	(по)ре́зать и положи́ть *(to put)* в мясно́й бульо́н
лук мясно́й бульо́н	(по)ре́зать, (под)жа́рить *(to roast)* и положи́ть в

зéлень:
  петру́шка *(parsley)*
  и укро́п *(dill)*
	(по)ре́зать и положи́ть в гото́вый борщ

БЛИНЫ́

Компоне́нты:	Что сде́лать:
мука́ — 3 стака́на я́йца — 3 молоко́ — 3 стака́на	(пере)меша́ть
соль са́хар ма́сло	доба́вить
	мо́жно печь *(bake)* блины́

Компоне́нты:	Что сде́лать:

Упражнение 13. a) Читайте текст.

Но́вый год

Но́вый год — краси́вый и весёлый семе́йный пра́здник. В ка́ждом до́ме обяза́тельно стои́т ёлка. На ёлке краси́вые, я́ркие украше́ния: игру́шки, ла́мпочки, гирля́нды. Под ёлку в нового́днюю ночь ну́жно положи́ть пода́рки, кото́рые открыва́ют но́чью, по́сле 12 часо́в. Все ждут госте́й и гото́вят вку́сный у́жин: заку́ски, сала́ты, горя́чие блю́да и десе́рт. На столе́ всегда́ стои́т шампа́нское, вино́, во́дка, сок, квас и́ли компо́т.

Но́вый год пра́зднуют всю ночь: лю́ди танцу́ют, пою́т, шу́тят, смо́трят телеви́зор.

Снача́ла провожа́ют ста́рый год, а в 12 часо́в но́чи встреча́ют но́вый. Телеви́зор рабо́тает весь ве́чер и всю ночь, потому́ что всегда́ иду́т хоро́шие програ́ммы: популя́рные конце́рты, весёлые фи́льмы и комеди́йные шо́у. Традицио́нно пока́зывают по телеви́зору ста́рые, но люби́мые фи́льмы, таки́е как «Моро́зко», «Карнава́льная ночь», «Иро́ния судьбы́, и́ли с лёгким па́ром», «Служе́бный рома́н» и други́е. За не́сколько мину́т до 12 часо́в выступа́ет президе́нт страны́ и поздравля́ет всех с Но́вым го́дом. Ро́вно в 12 часо́в все пьют шампа́нское и поздравля́ют друг дру́га с Но́вым го́дом.

Э́тот пра́здник о́чень лю́бят де́ти. В шко́лах начина́ются кани́кулы. В ци́рке, в теа́трах, в конце́ртных за́лах, в па́рках для дете́й выступа́ют арти́сты. В теа́тре о́перы и бале́та идёт бале́т Чайко́вского «Щелку́нчик» *(Nutcracker)*. На э́тих вечера́х всегда́ выступа́ют Дед Моро́з (э́то ру́сский Са́нта Кла́ус) и Снегу́рочка — его́ вну́чка. Они́ прино́сят пода́рки для дете́й.

Новые слова.

украше́ния = decoration	**игру́шка** = toy or ornaments for Christmas
я́ркий = bright	**шути́ть** = to joke
гирля́нда = garland	**положи́ть** = to put
выступа́ть = to perform	**кани́кулы** = school holidays
провожа́ть = see off, accompany	**поздравля́ть** = to congratulate
пра́здновать = to celebrate	**получа́ть** = to receive / to get
Снегу́рочка = snow maiden	**таки́е как** = such as
друг дру́га = each other	

б) *Ответьте на вопросы.*

1. Как встречают Новый год в России?
2. Что обычно делают в этот праздник у вас дома?
3. Что вы обычно делаете 31 декабря?
4. Как вы поздравляете друзей с Новым годом?

ЗАПОМНИТЕ!

КАК МЫ ПОЗДРАВЛЯЕМ

Я поздравляю	**вас/тебя**	**с Новым годом!**
		с Рождеством!
Мы поздравляем		**с днём рождения!**
	с праздником!	

Practice Your Handwriting

Упражнение 14. *Пишите по-русски.*

$$Ш = \mathcal{U}$$
$$ш = u$$

Швеция_____	**Ш**вейцария_____
машина «**Ш**евроле» _____	компания «**Ш**еврон» _____
Шанхай_____	Михаэль **Ш**умахер _____
школа _____	**ш**ашлык_____
шанс _____	**ш**околад _____
шампунь_____	**ш**ампанское _____

Мы так говорим:

Кушайте на здоровье, гости дорогие!
(Eat for your health, dear guests!)

Приятного аппетита!

— Спасибо за угощение (*treating*)**, за хлеб, за соль!**
— На здоровье!

Урок 16 (шестнадцать). Шестнадцатый урок

Упражнение 1. *Match the sentences on the left to the translation on the right.*
Соедините левую часть таблицы с переводом справа.

1. Им ску́чно. ( )
2. Мне хо́лодно. ( )
3. Вам хо́чется пить? ( )
4. Мне жаль их. ( )
5. Мне ка́жется, что он прав. ( )
6. Бори́су лу́чше. ( )
7. Нам о́чень интере́сно. ( )
8. Бра́ту нра́вится футбо́л. ( )

a) Are you thirsty?
б) They are bored.
в) I feel sorry for them.
г) It is very interesting to us.
д) My brother likes football.
е) I am cold.
ж) It seems to me that he is right.
з) Boris is *(feels)* better.

Упражнение 2. *Read and find the words in the Dative case.*
Прочитайте и найдите слова в дательном падеже.

1. Мне на́до сказа́ть студе́нту, что у него́ бу́дет уро́к в суббо́ту.
2. Я до́лжен (должна́) позвони́ть жене́ (му́жу) сего́дня днём.
3. Покажи́те нам, пожа́луйста, э́тот брасле́т.
4. Мне ну́жно посла́ть письмо́ бра́ту.
5. Вчера́ ве́чером я помога́л сы́ну де́лать дома́шнее зада́ние *(homework)*.
6. Сообщи́те, пожа́луйста, ме́неджеру о встре́че.
7. Посове́туйте мне, как реши́ть пробле́му.
8. Иногда́ я пишу́ пи́сьма ма́ме.
9. Вы обеща́ли подру́ге пое́хать в Пари́ж?

Упражнение 3. *Write the correct endings. Напишите правильные окончания.*

1. Я скажу́ ме́неджер___ о встре́че.
2. Я дам сестр___ но́мер телефо́на.
3. Мы ку́пим сы́н___ маши́ну.
4. Я позвоню́ подру́г___ сего́дня.
5. Ты мо́жешь переда́ть конве́рт *(envelope)* администра́тор___?
6. Секрета́рь сообщи́т президе́нт___ о пла́не на сего́дня.
7. Я ча́сто пишу́ электро́нные пи́сьма подру́г___.
8. Ему́ на́до посла́ть информа́цию колле́г___.
9. Сын обеща́ет ма́м___ де́лать дома́шнее зада́ние ка́ждый день.
10. Ме́неджер сове́тует инжене́р___, куда́ пое́хать на ку́рсы.
11. Дизайнер показа́л дире́ктор___ но́вые моде́ли.

16

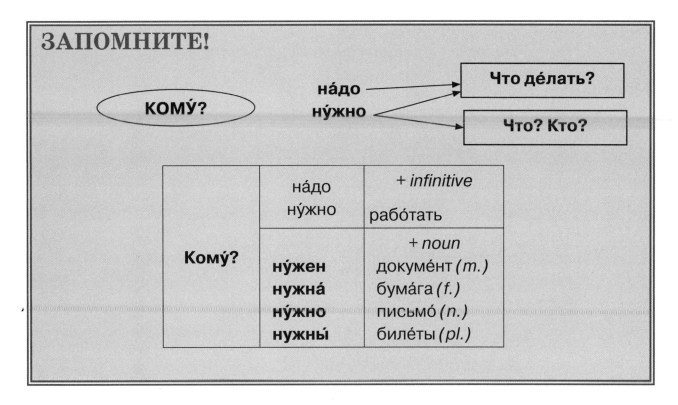

ЗАПОМНИТЕ!

Упражнение 4. *Read the examples and write the correct form of the word* **нужно**. *Читайте примеры и пишите правильную форму слова* **нужно**.

1. Нам нýж___ бензи́н.
2. Нам нýж___ хорóший специали́ст.
3. Мне нуж___ маши́на в 2 часá.
4. Тебé нýж___ биле́т на концéрт?
5. Нам нуж___ нóвые журнáлы и свéжие газéты *(today's newspapers)*.
6. Тебé нуж___ прáктика.
7. Сейчáс нам нуж___ нóвый проéкт и контрáкт.
8. Принеси́те *(bring)*, пожáлуйста, докумéнты. Сейчáс они́ мне óчень нуж___.
9. Мне нýж___ мéсто в гости́нице.
10. Моéй подрýге всегдá нуж___ дéньги.
11. Тебé нýж___ óтдых.

Упражнение 5. Что вам **нужно делать**, *если...*

1) вы хоти́те спать?
2) вы устáли *(tired)*?
3) вы попрáвились *(gain weight)* и хоти́те похудéть *(loose weight)*?
4) вы хоти́те поéхать в óтпуск в Амéрику?
5) вы не знáете нóвое слóво?

Упражнение 6. *Complete the sentences. Use the model.*
Закончите предложения. Используйте модель.

Модель:

Мне _____ кни́га. Мне **нужна́** кни́га.

Ему́ _____ чита́ть текст. Ему́ **ну́жно** чита́ть текст.

1. Мне _____ бума́га.
2. Мне _____ э́та кни́га.
3. Ему́ _____ но́вый па́спорт.
4. Тебе́ _____ купи́ть пи́во для вечери́нки.
5. Мне _____ купи́ть биле́ты на самолёт.
6. Им _____ ваш сове́т.
7. Им _____ получи́ть *(to get, receive)* ви́зу.
8. Ему́ _____ слова́рь.
9. Нам _____ пойти́ в спортза́л.
10. Нам _____ получи́ть де́ньги в ба́нке.

Упражнение 7. *Напишите слова в правильной форме.*

1. **(Я)** _____ всегда́ хо́лодно зимо́й.
2. **(Она)** _____ нра́вится му́зыка Чайко́вского.
3. **(Они)** _____ тепло́ в ко́мнате сками́ном.
4. **(Ты)** _____ на́до отдыха́ть сего́дня.
5. **(Мы)** _____ гру́стно уходи́ть *(to leave)*.
6. **(Я)** _____ нра́вится говори́ть по телефо́ну.
7. **(Он)** _____ интере́сно учи́ть ру́сский язы́к.
8. На вечера́х _____ **(вы)** обы́чно ску́чно.

16

Упражнение 8. *Complete the sentences with the correct form of the pronouns in the Dative case. Закончите предложения. Используйте правильную форму местоимения в дательном падеже.*

1. Когда́ ты _____ позвони́шь?   (мы)
2. Я напишу́ _____ письмо́.   (ты)
3. Я ду́маю, _____ ску́чно.   (они)
4. Позвони́ _____ за́втра.   (я)
5. Ма́ма даёт _____ де́ньги, что́бы он купи́л диск.   (он)
6. _____ на́до идти́ домо́й.   (вы)

Упражнение 9. *Complete the sentences. Choose the word* **можно** *or* **нужно**. *Вставьте слово* **можно** *или слово* **нужно**.

1. Зимо́й в Росси́и хо́лодно. Вам _____ купи́ть тёплую ша́пку.
2. Врач сказа́л, что за́втра мне уже́ _____ встава́ть *(to get up)*.
3. Тебе́ _____ повтори́ть *(revise)* слова́, ты их пло́хо зна́ешь.
4. _____ войти́? *(May I come in?)*
5. Дру́гу _____ встре́тить ма́му в аэропорту́.
6. Где _____ купи́ть биле́ты на конце́рт?

Упражнение 10. *Replace the verb* **может** *(can) with the word* **можно** *or* **нельзя**. *Замените слово* **может** *на* **можно** *или* **нельзя**.

Моде́ль:

    Он **мо́жет** отдыха́ть за́втра, он ко́нчил всю рабо́ту. —
    Ему́ **мо́жно** отдыха́ть за́втра.
    Она́ **не мо́жет** смотре́ть телеви́зор, она́ уста́ла. —
    Ей **нельзя́** смотре́ть телеви́зор.

1. Он мо́жет слу́шать му́зыку, он отдыха́ет.

_____

2. Она́ не мо́жет есть шокола́д, у неё аллерги́я.

_____

3. Ты мо́жешь идти́ гуля́ть, сейча́с хоро́шая пого́да.

_____

4. Друзья́ не мо́гут пое́хать на пляж, потому́ что идёт дождь.

_____

5. Колле́га сейча́с мо́жет пое́хать в о́тпуск, потому́ что рабо́ты немно́го.

_____

6. Друг не мо́жет кури́ть, у него́ а́стма.

_____

Упражнение 11. *Use the correct endings. Напишите правильные окончания.*

1. Сего́дня мы пойдём **к** дру́г___ на ве́чер.
2. Мой друг идёт **к** подру́г___ на встре́чу.
3. Извини́те, я спешу́ на приём **к** врач___.
4. Е́сли мы придём **к** гости́ниц___, то уви́дим мо́ре.
5. Подойди́ *(approach)* **к** стол___ и возьми́ кни́гу.
6. Ты пойдёшь **к** ба́бушк___ сего́дня?

ЗАПОМНИТЕ!

смотре́ть	по телеви́зору
слу́шать	по ра́дио
переда́ть	по фа́ксу
говори́ть	по телефо́ну
получи́ть	по элетро́нной по́чте

Упражнение 12. *Use the correct endings.* Напишите правильные окончания.

1. Подру́ги говоря́т **по** телефо́н____.
2. Самолёт бу́дет **по** расписа́ни____.
3. Сего́дня хоро́ший сериа́л **по** телеви́зор____.
4. Мы слу́шали но́вости **по** ра́ди____.
5. Ве́чером мы гуля́ем **по** бульва́р____.
6. Сего́дня бу́дет интере́сная экску́рсия **по** го́род____.

Новые слова:

Что?	по-английски	Какой?
ле́то		**ле́тний**
зима́		**зи́мний**
весна́		**весе́нний**
о́сень		**осе́нний**
ве́чер		**вече́рний**
мо́да		**мо́дный**
шёлк	*silk*	**шёлковый**
шерсть	*wool*	**шерстяно́й**
хло́пок	*cotton*	**хло́пковый**
лён	*flax*	**льняно́й**
ко́жа	*leather*	**ко́жаный**

Упражнение 13. *Fill in the sentences using the words in the box above.* Допишите предложения. Используйте слова из таблицы (см. выше).

1. Ско́ро зима́. Мне на́до купи́ть _____ пальто́.
2. В суббо́ту бу́дет ве́чер. Я хочу́ наде́ть *(put on)* _____ пла́тье.
3. Сейча́с мо́дно носи́ть _____ костю́мы.
4. На база́ре в Стамбу́ле мо́жно купи́ть недо́рого _____ пиджа́к.
5. Посмотри́, кака́я краси́вая _____ ю́бка!

6. В Ита́лии я хочу́ купи́ть оригина́льный _____ шарф.

7. Сейча́с это о́чень _____ блу́зка!

Упражне́ние 14. а) *Прочита́йте текст.*

Мно́го лет наш студе́нт рабо́тает за грани́цей *(abroad)*. Три го́да он жил в Эмира́тах. Ему́ там о́чень нра́вилось, потому́ что там всегда́ жа́рко и лю́ди но́сят *(wear)* ле́тнюю лёгкую оде́жду. Не ну́жно покупа́ть тёплые свитера́, шерстяны́е ша́рфы, перча́тки и ко́жаные ку́ртки.

Когда́ ра́ньше он рабо́тал на Сахали́не, то носи́л там ка́ждый день шерстяно́й сви́тер и шарф, мехову́ю ша́пку и тёплые боти́нки. Коне́чно, в Росси́и нужна́ тёплая оде́жда и зи́мняя о́бувь *(footwear)*.

А сейча́с он рабо́тает в Казахста́не. Ле́том, когда́ о́чень жа́рко, он но́сит здесь лёгкую оде́жду. Зимо́й, когда́ хо́лодно и идет снег, ду́ет си́льный ве́тер, ему́ опя́ть нужна́ тёплая оде́жда.

б) *Отве́тьте на вопро́сы.*

1. Е́сли вы бу́дете зимо́й в Росси́и, каку́ю оде́жду вам ну́жно носи́ть?

2. Е́сли вы бу́дете отдыха́ть в Дуба́е, каку́ю оде́жду вы бу́дете носи́ть?

3. Скажи́те, где вы живёте и что вы но́сите зимо́й и ле́том.

Упражне́ние 15. *Change the Plural form into Singular.*
Замени́те мно́жественное число́ еди́нственным.

Моде́ль:

Подру́г**ам** на́до купи́ть шёлковые ша́рфы. —
Подру́г**е** на́до купи́ть шёлковый шарф.

1. Друзья́м ну́жно пое́хать за́ город. —

_____

2. Тури́стам ну́жно пойти́ в теа́тр о́перы и бале́та. —

_____

3. Колле́гам интере́сно на семина́ре в Санкт-Петербу́рге. —

_____

4. Де́тям нра́вится игра́ть на компью́тере. —

_____

5. Специали́стам по эконо́мике и фина́нсам ну́жно пое́хать на ку́рсы. —

_____

6. Ма́льчикам и де́вочкам на́до ра́но идти́ спать. —

_____

149

7. В суббо́ту мы пойдём к колле́гам в го́сти. —

_____

8. В воскресе́нье он ката́лся на велосипе́де по па́ркам. —

_____

Упражнение 16. *Посмотрите на картинки и скажите,* **кому? как?** *(холодно, скучно…)*

1. (Она́) _____ ску́чно.   2. (Она́) _____ пло́хо.

3. (Он)_____ хо́лодно.   4. (Мы) _____ тепло́.

5. (Вы) _____ жа́рко?   6. (Они́) _____ ве́село.

16

Упражнение 17. *Задайте вопросы к выделенным словам.*

Модель:

    — **Куда́** вам на́до прие́хать в 8.30?
    — Мне на́до прие́хать в 8.30 **в о́фис**.

1. _____
    — Нам на́до прие́хать в аэропо́рт **ра́но**.

2. _____
    — Мне на́до прие́хать на рабо́ту за́втра ра́но, **потому́ что я пое́ду в о́тпуск в суббо́ту**.

3. _____
    — Я позвоню́ ве́чером **ма́ме**.

4. _____
    — Вы должны́ прийти́ на встре́чу **с ме́неджером**.

5. _____
    — Нам на уро́ке нужна́ **табли́ца**.

6. _____
    — **Но́вый прое́кт** ну́жен сро́чно *(urgently)*.

7. _____
    — До́ктор говори́т, **что сы́ну ну́жно пить молоко́**.

8. _____
    — Сейча́с ему́ ну́жно **мно́го говори́ть по-ру́сски**.

9. _____
    — Вы должны́ дать э́тот докуме́нт **дире́ктору**.

Упражнение 18. а) *Прочитайте текст и ответьте на вопросы.*

Пода́рки

Ско́ро я пое́ду в командиро́вку, и, как всегда́, мне на́до привезти́ пода́рки.

Мне ну́жно купи́ть пода́рок ма́ме, потому́ что у неё бу́дет день рожде́ния, когда́ я прие́ду обра́тно. Я ду́маю подари́ть ей мо́дную блу́зку, потому́ что ма́ма лю́бит краси́во одева́ться. Она́ не но́сит я́ркие цвета́, а предпочита́ет све́тлые тона́. Я зна́ю, что ей нра́вятся бе́лый, голубо́й и ро́зовый. То́лько я забы́л, како́й ей ну́жен европе́йский разме́р. Но э́то не проблема́. Продаве́ц мо́жет знать ру́сские разме́ры то́же.

Сейча́с хоро́шее вре́мя де́лать поку́пки, потому́ что в магази́нах больши́е ски́дки. Поэ́тому я куплю́ жене́ си́нюю су́мку и ту́фли. У неё есть но́вое си́нее пла́тье, кото́рое ей о́чень идёт. В суббо́ту по́сле пое́здки нам ну́жно бу́дет пойти́ на корпорати́вный ве́чер.

Дóчке я хочý купи́ть чáшку с эмблéмой гóрода. Я обещáл ей привезти́ нóвый сувени́р.

Женá посовéтовала мне купи́ть сы́ну откры́тку и послáть её по пóчте с мáркой. Он коллекциони́рует мáрки и откры́тки.

Конéчно, пáпе тóже нáдо чтó-то купи́ть. Я куплю́ емý чтó-нибудь в магази́нах дьюти-фри в аэропортý.

Новые слова:

привезти́ = to bring
я́ркий = bright
тон = tone
забы́ть = to forget
разме́р = size

продаве́ц = salesman
ски́дка = discount
откры́тка = postcard
чтó-то = something
чтó-нибудь = anything

б) Ответьте на вопросы.

1. Комý нáдо привезти́ подáрки?

   _____

2. Что он хóчет купи́ть мáме?

   _____

3. Каки́е цветá лю́бит мáма?

   _____

4. Какóй разме́р нóсит мáма?

   _____

5. Почемý он дéлает покýпки сейчáс?

   _____

6. Что он кýпит женé, дóчке, сы́ну и пáпе?

   _____

16

Упражнение 19. *Create some texts. Составьте тексты.*

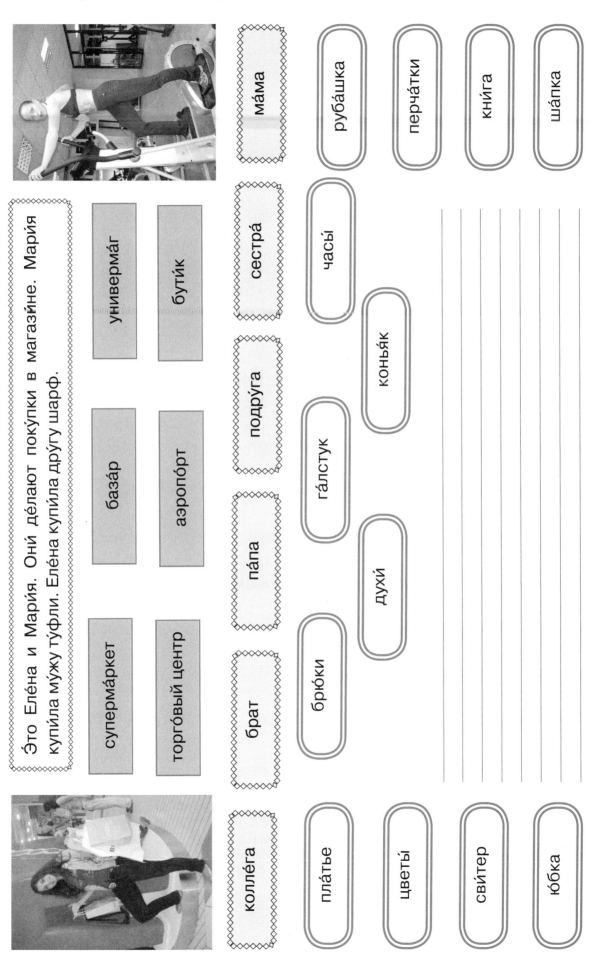

Это Елена и Мария. Они делают покупки в магазине. Мария купила мужу туфли. Елена купила другу шарф.

универмаг

бутик

базар

аэропорт

супермаркет

торговый центр

мама

сестра

подруга

папа

брат

коллега

рубашка

перчатки

книга

шапка

часы

коньяк

галстук

духи

брюки

платье

цветы

свитер

юбка

Practice Your Handwriting

Упражнение 20. Пишите по-русски.

И = $\mathcal{U}$ **Й** = $\breve{\mathcal{U}}$

и = u **й** = $\breve{u}$

игра́ _____   йо́гурт _____

иногда́ _____   рейс *(flight)* _____

инжене́р _____   йод *(iodine)* _____

ию́ль _____   хокке́й _____

иде́я _____

Ита́лия _____   Нью-Йо́рк _____

Ирла́ндия _____   Йо́ркшир _____

Индоне́зия _____   Йе́мен _____

И́нсбрук _____

Мы так говорим:

По одёжке встреча́ют, по уму́ провожа́ют.
*(When we first meet we look at your clothes and
when we depart we look at your mind.)*

16

Урок 17 (семнадцать). Семнадцатый урок

Упражнение 1. *Match the questions to the answers.*
Соедините вопросы и ответы.

1. Что вам на́до сказа́ть колле́ге? ( )

а) Я подари́л подру́ге интере́сную кни́гу.

2. Что вы подари́ли подру́ге? ( )

б) Студе́нт обеща́л учи́телю прочита́ть текст.

3. Кому́ вам ну́жно позвони́ть? ( )

в) Я ча́сто звоню́ домо́й.

4. Кому́ вы посла́ли приглаше́ние на презента́цию? ( )

г) Мне на́до сказа́ть ей, что в суббо́ту бу́дет хоро́ший бале́т.

5. Кому́ и что обеща́л студе́нт? ( )

д) Мне ну́жно позвони́ть ассисте́нту и сказа́ть о встре́че.

6. Куда́ вы ча́сто звони́те? ( )

е) Мы посла́ли приглаше́ние колле́гам за грани́цу.

Упражнение 2. *Read the new words and complete the sentences using the correct form of the verbs. Прочитайте новые слова и закончите предложения. Используйте правильную форму глаголов.*

ЗАПОМНИТЕ!	начина́ть(ся)
	продолжа́ть(ся)
	конча́ть(ся)
	открыва́ть(ся)
	закрыва́ть(ся)

1. Я _____ рабо́тать в 9 часо́в.

начина́ть
начина́ться

2. Спортклу́б _____ по́здно.

закрыва́ть
закрыва́ться

3. Конце́рт _____ в 7 часо́в.

начина́ть
начина́ться

4. О́пера начина́ется в 6 часо́в и _____ в 10 часо́в.

конча́ть
конча́ться

5. Магази́н _____ ра́но.

открыва́ть
открыва́ться

6. Когда́ _____ встре́ча?
Встре́ча _____ в 3 часа́.

конча́ть
конча́ться

7. Фильм _____ 3 часа́.

продолжа́ть
продолжа́ться

8. Мой директор _____ работу в 8 часов.

кончать
кончаться

9. Мы _____ окна, когда сильный ветер.

закрывать
закрываться

10. В вагоне метро двери _____ автоматически.

закрывать
закрываться

11. Вы не знаете, когда _____ банк?

открывать
открываться

12. Кто хорошо _____ бутылку шампанского?

открывать
открываться

Упражнение 3. *Ответьте на вопросы.*

1. Когда вы обычно начинаете работу? Когда вы начали работу сегодня?
2. Когда вы обычно кончаете работу? Когда вы кончите работать сегодня?
3. Сколько времени продолжается встреча?
4. Сколько времени продолжалось ваше интервью?
5. Сколько времени будет продолжаться ваш отпуск?
6. Когда обычно начинается и когда кончается выставка?
7. Когда обычно начинается и когда кончается опера в театре?
8. Когда закрываются рестораны?
9. Когда обычно закрывается супермаркет?
10. Когда открываются магазины в центре города?
11. Когда начинаются новости по телевизору?
12. Когда обычно начинается и кончается фестиваль?

Упражнение 4. *Complete the table. Заполните таблицу.*

Infinitive	Present tense Imperfective	Past tense Imperfective	Simple Future tense (Perfective)	Past tense Perfective
готовить	я готовлю	он готовил	я приготовлю	я приготовил
говорить	ты	она	ты	
читать	он	мы	он	
писать	вы	они	вы	
пить	она	вы	она	
учить	мы	я	мы	
изучать	они	ты	они	

(приготовить, изучить, написать, выпить, прочитать, сказать, выучить)

Упражнение 5. *Fill in the table using the given verbs.*
Заполните таблицу. Используйте глаголы:

приготóвить, купи́ть, сдéлать, написáть, поговори́ть, вы́полнить

чтóбы = *in order to*

Кому?	Сколько времени нужно?		Что сделать?
Студéнту		полчасá,	чтóбы вы́учить словá.
		30 минýт	
		недéля	
	нýжно	2 часá	
		10 минýт	
		мéсяц	
		два дня	

Упражнение 6. *Choose the appropriate word. Выберите нужное слово.*

1. Сегóдня мне срóчно нáдо _____ отчёт *(report)*.
   Я тóчно _____ егó вéчером.   **дéлать/сдéлать**

2. Сейчáс я _____ упражнéние, но у меня́ нет врéмени _____ егó до концá.

3. Я _____ письмó вчерá вéчером, но   **писáть/написáть**
   не _____ егó.
   Я дóлжен _____ егó до 12-ти часóв.

4. Я всегдá _____ секретарю́ и спрáшиваю,   **звони́ть/**
   где мéнеджер. Когдá онá не знáет, говори́т, что   **позвони́ть**
   сейчáс _____ емý на моби́льный телефóн.

5. Вчéра я полчасá _____ нóвый диск.   **слýшать/**
   Зáвтра мы _____ нóвости в 6 часóв.   **послýшать**

6. Вчерá я _____ дóма.   **отдыхáть/**
   Я хочý _____ в Грéции лéтом.   **отдохнýть**

7. Я ужé _____ весь текст вчерá.   **переводи́ть/**
   Сейчáс мы _____ словá на англи́йский язы́к.   **перевести́**

8. Чáсто я _____ проблéмы в óфисе.   **решáть/реши́ть**
   Вчерá я ужé _____ однý вáжную проблéму.

9. Сначáла я _____ нóмер телефóна, потóм жду.   **набирáть/набрáть**
   Когдá я _____ нóмер телефóна, там бы́ли
   корóткие гудки́ *(dial tone, signal)*.

Упражнение 7. *Mark Imperfective and Perfective aspects of the verb.*
Отметьте глаголы несовершенного и совершенного вида.

НСВ — *imperfect* **СВ** — *perfect*

	НСВ	СВ
1. Вы пи́ли ко́фе у́тром?	✓	
2. Как! Ты ещё не поза́втракал?		
3. Снача́ла я поза́втракал, пото́м я сел в маши́ну и пое́хал в о́фис.		
4. Вы уже́ пообе́дали?		
5. Кто пригото́вит у́жин сего́дня? Кто обы́чно его́ гото́вит?		
6. Что ты де́лал вчера́? — Отдыха́л, пото́м де́лал дома́шнее зада́ние.		
7. Сде́лал? — Да, сде́лал.		
8. Он написа́л письмо́ вчера́?		
9. Вы встре́тили друзе́й вчера́?		
10. Когда́ вы познако́мились с ме́неджером?		
11. Что вы ду́маете о прое́кте?		
12. Мы ча́сто меня́ем *(change)* дета́ли прое́кта.		
13. Я не могу́ вспо́мнить, куда́ я записа́л но́мер телефо́на.		
14. В о́фисе мы встреча́ем посети́телей *(visitors)*.		
15. Вы — архите́ктор. Что вы хоти́те постро́ить?		
16. Когда́ постро́ят но́вый о́фис?		
17. Что вам на́до измени́ть в пла́не рабо́ты?		
18. Сейча́с стро́ят но́вое зда́ние о́фиса.		
19. Тру́дно измени́ть что́-нибудь в жи́зни.		
20. Я ча́сто вспомина́ю, как мы отдыха́ли во Фра́нции.		
21. Мы уви́дим, что бу́дет за́втра.		
22. Друг всегда́ сове́тует, что де́лать, когда́ есть пробле́ма?		
23. Како́й фильм вы хоти́те посмотре́ть сего́дня?		

17

Упражнение 8. *Choose the verb in the appropriate form.*
Выберите глагол в нужной форме.

Вчера́ мы бы́ли в музе́е на экску́рсии. Я _____ (брал — взял) фотоаппара́т, потому́ что хоте́л _____ (фотографи́ровать — сфотографи́ровать) ста́рые зда́ния и музе́й. Музе́й нахо́дится недалеко́ от гости́ницы, поэ́тому мы пошли́ туда́ пешко́м. Че́рез 15 мину́т мы пришли́ в музе́й, где экскурсово́д _____ (расска́зывал — рассказа́л) об исто́рии го́рода. Когда́ мы _____ (не понима́ли — не по́няли), перево́дчик _____ (переводи́л — перевёл) расска́з экскурсово́да на англи́йский язы́к. Музе́й был о́чень большо́й и интере́сный, поэ́тому мы _____ (возвраща́лись — верну́лись) в гости́ницу по́здно.

Упражнение 9. *Complete the sentences using the correct form of the verbs given in the box. Зако́нчите предложения, используя правильную форму глаголов в рамке.*

┌───┐
│ **ЗАПОМНИТЕ!**   иска́ть *(imperfective)* — найти́ *(perfective)* │
└───┘

1. Обы́чно я _____ ключи́ у́тром.
2. Вчера́ мой друг _____ кни́гу, но не _____ её.
3. Вы до́лго _____ э́тот докуме́нт вчера́?
4. Да, я _____ его́ вчера́ два часа́.
   — Како́й результа́т? Вы _____ его́?
   — Да, э́то хорошо́, что я его́ _____.
5. Вы зна́ете фра́зу: «Кто _____, тот всегда́ _____.»?

Упражнение 10. *Make the nouns in Plural.*
Напишите слова во множественном числе.

ОН	ОНА́	ОНО́
суп — суп**ы́**	ла́мпа — ла́мп**ы**	блю́до — блю́д**а**
костю́м — _____	дие́та — _____	о́зеро *(lake)* — _____
жиле́т — _____	гора́ — _____	число́ — _____
бассе́йн — _____	са́уна — _____	лека́рство — _____
блин — _____		
собо́р — _____		
самова́р — _____		
кабине́т — _____		
тренажёр — _____		
(sport-machine)		

ОН	ОНА́	ОНО́
рубль — рубли́	но́вость — но́вости	я́блоко — я́блоки
царь — _____	це́рковь — _____	коле́но — _____
роя́ль — _____	ска́терть — _____	*(knee)*
	мече́ть — _____	плечо́ — _____
		(shoulder)

ОН	ОНА́	ОНО́
пиро́г — пироги́	река́ — ре́ки	пла́тье — пла́тья
звук *(sound)* — _____	таре́лка — _____	по́ле *(field)* — _____
пра́здник — _____	ви́лка — _____	
эко́лог — _____	ло́жка — _____	
фи́зик — _____	пое́здка — _____	
га́лстук — _____	ю́бка — _____	
сапо́г — _____	остано́вка — _____	

ОН	ОНА́	ОНО́
но́мер — номера́	пицце́рия — пицце́рии	
счёт *(bill)* — _____	делега́ция — _____	
бе́рег — _____	филармо́ния — _____	
лес — _____	консервато́рия — _____	
о́стров — _____		
го́лос *(voice)* — _____		
про́пуск — _____		
(pass, badge)		
цвет — _____		
по́езд — _____		

17

ОН	ОНА́	ОНО́
нож — ножи́	земля́ *(land)* — зе́мли	де́рево — дере́вья
плащ — _____	ба́ня — _____	крыло́ *(wing)* — _____
мяч *(ball)* — _____	*(bath house)*	
	ба́шня *(tower)* — _____	
	статья́ — _____	
	неде́ля — _____	

*Some nouns drop the vowel **o, e/ё** from the last syllable of the nominative singular when other endings are added:*

день — дни	пода́рок — пода́рки
иностра́нец — иностра́нцы	сон — сны
образе́ц — образцы́	цвето́к — цветы́
оте́ц — отцы́	це́рковь — це́ркви
та́нец — та́нцы	коне́ц — концы́
ковёр — ковры́	пирожо́к — пирожки́
у́гол — углы́	дворе́ц — дворцы́
посо́л — послы́	кошелёк — кошельки́

Упражнение 11. а) *Прочитайте текст.*

Санкт-Петербу́рг

На выходны́е преподава́тели и студе́нты пое́хали в Санкт-Петербу́рг. Преподава́тели давно́ хоте́ли показа́ть студе́нтам э́тот уника́льный го́род. Их гости́ница находи́лась в це́нтре го́рода на Не́вском проспе́кте. Не́вский проспе́кт — гла́вная у́лица го́рода. Он начина́ется о́коло Адмиралте́йства и конча́ется у Алекса́ндро-Не́вского монастыря́. Длина́ проспе́кта — четы́ре с полови́ной киломе́тра. Пого́да была́ прекра́сная, был хоро́ший со́лнечный день, и все пошли́ гуля́ть по Не́вскому проспе́кту. Пе́рвое, что они́ уви́дели, был краси́вый мост че́рез ре́ку Фонта́нку с фигу́рами лошаде́й. Студе́нтам о́чень понра́вились мост и великоле́пные скульпту́ры.

Они́ шли по пра́вой стороне́ проспе́кта и че́рез не́сколько мину́т уви́дели спра́ва прекра́сную це́рковь. Всё зда́ние це́ркви бы́ло укра́шено краси́вой моза́икой. Э́та це́рковь называ́ется Храм Спа́са на Крови́ (*the Saviour-on-the-Spilt-Blood*). А че́рез доро́гу сле́ва они́ уви́дели изве́стный Каза́нский собо́р. На пло́щади пе́ред собо́ром о́коло фонта́на сиде́ли тури́сты, отдыха́ли и фотографи́ровали.

Студе́нты хоте́ли попро́бовать традицио́нную ру́сскую еду́. Преподава́тели порекомендова́ли пойти́ пообе́дать в Литерату́рное кафе́. В кафе́ у студе́нтов была́ хоро́шая возмо́жность поговори́ть по-ру́сски с официа́нтами.

По́сле коро́ткого о́тдыха они́ продо́лжили прогу́лку и вы́шли на центра́льную пло́щадь го́рода — Дворцо́вую, где уви́дели замеча́тельный Зи́мний Дворе́ц. Там сейча́с оди́н из лу́чших музе́ев ми́ра — Эрмита́ж.

Экскурсово́д на пло́щади посове́товал им пойти́ к бе́регу Невы́, отку́да мо́жно уви́деть Петропа́вловскую кре́пость и Стре́лку Васи́льевского о́строва. Кре́пость нахо́дится на о́строве. Э́то истори́ческий центр го́рода, где бы́ли постро́ены пе́рвые зда́ния.

От пло́щади они́ пое́хали на экску́рсию по го́роду на авто́бусе. На экску́рсии они́ узна́ли мно́го интере́сного. Наприме́р, что Стре́лкой ра́ньше в Росси́и называ́ли мыс, кото́рый дели́л ре́ку на две ча́сти (два рукава́). Стре́лка Васи́льевского о́строва де́лит Неву́ на Большу́ю и Ма́лую, а кора́бль на шпи́ле Адмиралте́йства — э́то си́мвол го́рода.

Студе́нтам о́чень понра́вился Санкт-Петербу́рг. Но, к сожале́нию, два дня — э́то о́чень ма́ло, что́бы уви́деть все дворцы́, па́мятники, собо́ры и па́рки э́того го́рода-музе́я. Они́ реши́ли прие́хать сюда́ ещё раз.

Новые слова:

гла́вный = main
длина́ = length
че́рез = across
ло́шадь = horse
сторона́ = side
возмо́жность = opportunity
коро́ткий = short
замеча́тельный = wonderful, remarkable, splendid

оди́н из лу́чших = one of the best
стре́лка = arrow
был постро́ен = was built
мыс = cape
рука́в = sleeve
кора́бль = ship
шпиль = steeple

б) *Посмотрите на фотографии Санк-Петербурга и расскажите, что увидели студенты в городе.*

Стрелка Васильевского острова

Адмиралтейство

Невский проспект

Казанский собор

Петропавловская крепость

Храм Спаса на Крови

Дворцовая площадь и Эрмитаж

Упражнение 12. *Задайте вопросы к выделенным словам.*

Модель:

    — **Где** вы бу́дете отдыха́ть в э́том году́? _____

    — Мы бу́дем отдыха́ть в э́том году́ **в Ита́лии**.

1. _____

    — Мне ну́жно позвони́ть сего́дня **секретарю́**.

2. _____

    — Мы пое́дем в о́тпуск **с дру́гом**.

3. _____

    — Мы бу́дем пить **чай с лимо́ном**.

4. _____

    — Сего́дня мы изуча́ем **пя́тый** уро́к.

5. _____

    — Друзья́ пое́дут в Испа́нию **ле́том**.

6. _____

    — В конце́ а́вгуста они́ прие́дут **в Москву́**.

7. _____

    — В суббо́ту колле́ги **должны́ рабо́тать**.

8. _____

    — У колле́ги есть сро́чная рабо́та **на э́той неде́ле**.

ЗАПОМНИТЕ! кла́сть — положи́ть
ста́вить — поста́вить
ве́шать — пове́сить

Глагол + где?	Глагол + куда? процесс	Глагол + куда? результат
стоя́ть	ста́вить	поста́вить
лежа́ть	класть	положи́ть
висе́ть	ве́шать	пове́сить

Кла́сть *(Present tense)* куда?

я кладу́
ты кладёшь
он кладёт
мы кладём
вы кладёте

Положи́ть *(Future tense)*

я положу́
ты поло́жишь
он поло́жит
мы поло́жим
вы поло́жите

Упражнение 13. *Напишите правильные окончания глаголов.*

1. Мой друг всегда́ клад____ докуме́нты на стол.
2. Обы́чно мы клад____ майоне́з в сала́т.
3. — Ты не зна́ешь, куда́ я вчера́ положи́____ мою́ кни́гу?
   — Я виде́ла её на пи́сьменном столе́. Ты положи́____ её на пи́сьменный стол.
4. — Где сейча́с леж____ э́тот докуме́нт?
   — Он леж____ в па́пке.

Ста́вить *(Present tense)* куда?

я ста́влю
ты ста́вишь
он ста́вит

мы ста́вим
вы ста́вите
они́ ста́вят

Поста́вить *(Future tense)*

я поста́влю
ты поста́вишь
он поста́вит

мы поста́вим
вы поста́вите
они́ поста́вят

Упражнение 14. *Напишите правильные окончания глаголов.*

1. Она́ всегда́ ста́в____ ва́зу на стол.
2. Час наза́д она́ постави ____ ва́зу на стол.
3. За́втра я поста́вл____ кни́ги на по́лку.
4. Вчера́ мы постави____ ла́мпу, телефо́н и магнитофо́н на стол.
5. Сейча́с кни́ги сто____ на по́лке.

Ве́шать (*Present tense*) куда?	**Пове́сить** (*Future tense*)
я ве́шаю	я пове́шу
ты ве́шаешь	ты пове́сишь
он ве́шает	он пове́сит
мы ве́шаем	мы пове́сим
вы ве́шаете	вы пове́сите
они́ ве́шают	они́ пове́сят

Упражнение 15. *Напишите правильные окончания глаголов.*

1. Когда́ я прихожу́ домо́й, я всегда́ ве́ша____ пальто́ в шкаф.
2. — Куда́ ты за́втра пове́с____ э́ту карти́ну?
   — Я пове́ш____ её на э́ту сте́ну над телеви́зором.
3. Ты уже́ пове́с____ моё пальто́ на ве́шалку?
4. Вчера́ ве́чером они́ пове́си____ часы́, карти́ны и календа́рь на сте́ну в о́фисе.

Упражнение 16. *Insert the appropriate words.*
Вставьте подходящие по смыслу слова.

Я не спортсме́н, но _____ нра́вится смотре́ть футбо́л. _____ в го́роде чемпиона́т по футбо́лу. Я _____ два биле́та на о́чень интере́сный матч. Вчера́ ве́чером я позвони́л _____ и пригласи́л его́ на футбо́л. Футбо́льный матч бу́дет на стадио́не в _____ в 7 часо́в. Стадио́н далеко́ от _____, и на́до е́хать до́лго, поэ́тому мы _____ туда́ на_____. Мы реша́ли, где _____ встре́титься. Я слы́шал по ра́дио, что в воскресе́нье бу́дет _____ пого́да и _____ не бу́дет хо́лодно. Друг обеща́л _____ пойти́ в бар по́сле _____, е́сли на́ша кома́нда вы́играет.

Practice Your Handwriting

Упражнение 17. *Пишите по-русски.*

$$Э = Э$$

$$э = э$$

э́то _____

электри́чество _____

экспе́рт _____

эта́ж _____

эксперимéнт _____

эквивалéнт _____

эква́тор _____

экскýрсия _____

Эверéст _____

Эква́тор _____

Э́мма _____

Э́йфелева ба́шня _____

Эфио́пия _____

Эсто́ния _____

Эдга́р По _____

Мы так говорим!

Не говори́, что де́лал, а говори́, что сде́лал.
(Do not say what you did, say what you have done.)

Не откла́дывай на за́втра то, что мо́жно сде́лать сего́дня.
(Do not put aside for tomorrow, what you can do today.)

Сде́лал де́ло — гуля́й сме́ло *(boldly).*

17

Урок 18 (восемнадцать). Восемнадцатый урок

Упражнение 1. *Match the questions to the answers.*
Соедините вопросы и ответы.

1. У тебя́ есть подру́га? ( )
2. Она́ блонди́нка? ( )
3. У неё стро́йная фигу́ра? ( )

4. Каки́о у неё гла́за? ( )
5. Она́ но́сит очки́? ( )
6. Она́ высо́кая? ( )
7. Како́й стиль она́ предпочита́ет? ( )
8. Она́ спортсме́нка? ( )

а) Да, она́ занима́ется те́ннисом.
б) Да, она́ де́вушка высо́кого ро́ста *(height)*.
в) Она́ лю́бит джи́нсы, футбо́лки *(T-shirts)* и ку́ртки.
г) Нет, она́ но́сит то́лько очки́ от со́лнца.
д) Да, она́ стро́йная де́вушка.
е) Да, у меня́ о́чень краси́вая подру́га.
ё) Зелёные.

ж) Нет, у неё тёмные во́лосы.

Упражнение 2. *Choose the right word. Выберите правильное слово.*

1. — Я _____ дома́шнее зада́ние вчера́.
   — Ско́лько вре́мени ты _____ его́?
   — 40 мину́т.
   — Ты _____ его́ за 40 мину́т?
   — Да, _____ .

   де́лать/ сде́лать

2. — Я не хочу́ _____ фру́кты сейча́с.
   — Днём мой муж _____ мно́го фру́ктов, а ве́чером он не хо́чет _____ у́жин.

   есть/съесть

3. — Я сказа́л, что _____ за́втра.
   Я _____ дру́гу ка́ждый раз из аэропо́рта.

   звони́ть/ позвони́ть

4. — Инжене́р ча́сто _____ о прое́кте.
   — Ему́ ещё ну́жно вре́мя _____ .

   ду́мать/ поду́мать

5. — Ты _____ футбо́л вчера́?
   — Вче́ра не́ было вре́мени, я _____ матч сего́дня.

   смотре́ть/ посмотре́ть

6. Мы бы́ли на бале́те вчера́, и он нам о́чень
   _____ .
   Мне _____ теа́тр бале́та в го́роде.

   нра́виться/ понра́виться

7. — Ты _____ программу «Новости» по радио   **слушать/**
   утром?   **послушать**
   — Обычно я _____ вечером, но вчера
   _____ утром.

8. Наш менеджер _____ доклад вчера весь день.   **писать/**
   — Ты думаешь, он уже _____ его?   **написать**
   — Точно не знаю.

9. Утром мой муж не _____ даже полстакана   **пить/выпить**
   сока.
   Я _____ апельсиновый сок каждое утро.

10. В Санкт-Петербурге мой друг _____ первый   **видеть/**
    раз белые ночи.   **увидеть**
    Каждый год в июне мы _____ известных
    актёров на фестивале в Санкт-Петербурге.

11. — Ты уже _____ ужин?   **готовить/**
    — Нет, я ещё _____ , но до вечера я   **приготовить**
    обязательно _____ .

Упражнение 3. *Write the sentences as in the model.*
Напишите предложения по модели.

а) Модель:

   У **меня** болит рука. **Мне нельзя** играть в теннис.

1. У **меня** болит нога. **Мне нельзя** идти на стадион.
2. У **тебя** тоже болит рука. Тебе тоже _____ играть в теннис.
3. У **него** болит голова. Ему _____ работать на компьютере.
4. У **неё** болят зубы. Ей _____ есть конфеты.

б) Модель:

   (Я) **Мне нельзя** курить, потому что я болен.

1. (Ты) _____ смотреть телевизор, потому что у тебя болят глаза.
2. (Он) _____ идти на урок, у него грипп.
3. (Она) _____ есть мороженое, потому что у неё болит горло *(throat)*.
4. (Мы) _____ говорить громко, потому что ребёнок спит.
5. (Вы) _____ много читать, потому что вы устали.
6. (Они) _____ играть в футбол, потому что идёт дождь.

18

в) **Модель:**

У меня́ уже́ не боли́т нога́. **Скажи́те, мне уже́ мо́жно игра́ть в футбо́л**?

1. У ребёнка уже́ не боли́т го́рло _____ ?
2. У ба́бушки уже́ не боля́т но́ги_____ ?
3. У преподава́теля уже́ не боли́т голова́ _____ ?
4. У него́ уже́ не боля́т глаза́ _____ ?
5. У них уже́ нет температу́ры _____ ?
6. У неё уже́ не боля́т зу́бы _____ ?

Упражне́ние 4. *Write the sentences as in the model.*
Напиши́те предложе́ния по моде́ли.

Модель:

Джон бо́лен / гуля́ть
— Ему́ мо́жно гуля́ть?
— Нет, **ему́ нельзя́** гуля́ть.

1. Ви́ктор бо́лен / рабо́тать

_____

_____

2. А́нна больна́ / гото́вить обе́д

_____

3. Та́ня больна́ / е́хать в командиро́вку

_____

_____

4. У них грипп / идти́ в бассе́йн

_____

_____

5. У до́чки аллерги́я / есть апельси́ны

_____

_____

6. У студе́нта на́сморк *(cold)* / идти́ на уро́к

_____

_____

7. Де́ти больны́, у них высо́кая температу́ра / идти́ в шко́лу

_____

_____

Упражнение 5. *Напишите предложения по модели.*

Модель:

Виктор вчера играл в футбол. А сегодня он плохо себя чувствует.
— **Виктор, что у тебя болит?**
— **У меня болят ноги.**

1. Джон был на корпоративном вечере. А сегодня утром он плохо себя чувствует.

— _____

— _____

2. Том вчера купил фрукты и съел их. А сегодня плохо себя чувствует.

— _____

— _____

3. Линда вчера много танцевала. А сегодня она плохо себя чувствует.

— _____

— _____

4. Майкл гулял, когда пошёл сильный дождь, а сейчас он плохо себя чувствует.

— _____

— _____

Упражнение 6. *Choose your answer. Выберите ваш ответ.*

Как вы себя будете чувствовать, если…

1) вы пришли в магазин, а деньги забыли дома?
2) коллеги приготовили вам сюрприз на ваш день рождения?
3) вы не сделали домашнюю работу?
4) вы выиграли один миллион?
5) вы опоздали на встречу?
6) ваш менеджер дал вам премию *(bonus)*?

☐ Я буду чувствовать себя отлично.
☐ Я буду счастлив(а) *(happy)*.
☐ Мне будет стыдно *(ashamed)*.
☐ Я буду очень рад(а).
☐ Мне будет досадно *(frustrated)*.
☐ Я буду чувствовать себя неудобно.

18

Упражнение 7. *Проверь себя.*

Как это по-английски?

по-русски	по-английски	по-русски	по-английски
аллерги́я		до́ктор	
амбулато́рия		инфе́кция	
антибио́тик		инъе́кция	
апте́ка		кли́ника	
апте́чка	*first aid kit*	лейкопла́стырь	*sticking plaster*
а́стма		медсестра́	
банда́ж		медце́нтр	
бинт	*bandage*	опера́ция	
ва́та	*cotton*	пацие́нт	
ви́рус		поликли́ника	
витами́н		реце́пт	
го́спиталь		спирт	*alcohol*
грипп		табле́тка	
данти́ст		температу́ра	
диа́гноз		терапе́вт	

Упражнение 8. *Ответьте на вопросы.*

1. Как вы обы́чно себя́ чу́вствуете по́сле о́тпуска?

   _____

2. Как вы обы́чно себя́ чу́вствуете по́сле самолёта?

   _____

3. Что вы де́лаете, е́сли вы пло́хо себя́ чу́вствуете в пое́здке?

   _____

4. Каки́е лека́рства вы возьмёте, е́сли пое́дете в командиро́вку / в о́тпуск?

   _____

5. У вас есть апте́чка до́ма, в маши́не и в о́фисе?

   _____

6. Что есть в апте́чке?

   _____

7. Вы пьёте лека́рство, е́сли вы уста́ли и у вас боли́т голова́?

Упражнение 9. *Посмотрите на фотографии и напишите,*
что у них болит и что им надо делать.

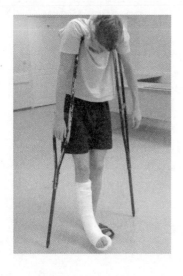

_____

_____

_____

_____

_____

_____

 18

_____

_____

_____

ЗАПОМНИТЕ!

Глаза	Волосы	Фигура	Мы говорим
кáрие *(hazel, brown)*	**каштáновые** *(chestnut, coloured)*	**пóлная** *(plump, full, overweight)*	**У неё кáрие глазá.** **У негó каштáновые вóлосы.** **Он седóй = У негó седы́е вóлосы.** **Онá ры́жая. = У неё ры́жие вóлосы.** **Онá пóлная жéнщина.** **Он коренáстый мужчи́на.**
си́ние	**рýсые** *(light-brown)*	**коренáстая** *(thickset, stocky)*	
голубы́е	**ры́жие** *(red)*		
	седы́е *(grey)*		
усы́ *(mustash)*	**бородá** *(bcard)*	**очки́** *(glasses)*	**Мужчи́на с усáми и бородóй.** **У негó корóткие усы́.** **Жéнщина в очкáх.** **Носи́ть усы́, бóроду, очки́.**

Упражнение 10. *Insert the appropriate word.* Вставьте нужное слово.

1. Э́то наш дéдушка. Емý 60 лет. У негó _____ вóлосы. Он плóхо ви́дит и нóсит _____. Наш дéдушка занимáется спóртом, и поэ́тому у негó _____ фигýра.

2. У нас в грýппе нóвая дéвушка. Онá приéхала из Ирлáндии. Онá _____ рóста. У неё _____ вóлосы и _____ глазá.

3. В гаражé мы познакóмились с бáйкером, котóрый ремонти́ровал мотоци́кл. Он — типи́чный бáйкер. Он _____. У негó _____ и _____.

4. Сегóдня наш коллéга не пришёл в óфис. Он бóлен. У негó _____.

5. Вчерá у мáльчика весь вéчер болéл зуб, поэ́тому он пошёл с мáмой в _____ к _____.

6. Дрýгу понрáвилась дéвушка, но он не знáет, кто онá по профéссии. Как вы дýмаете, кто онá? У неё _____ фигýра. Онá всегдá в очкáх и нóсит тóлько костю́мы.

7. Наш мéнеджер приéхал из óтпуска из Испáнии. У негó óчень _____ настроéние. Он _____ себя́ прекрáсно.

8. Нóвый консультáнт нóчью приéхал из командирóвки и ýтром пришёл на рабóту. У негó боли́т _____ и, конéчно, он óчень _____.

Упражнение 11. *Read the texts and find who is on the pictures.*
Прочитайте тексты и найдите, кто изображён на
фотографиях.

◆ Этот мужчи́на с уса́ми — изве́стный актёр теа́тра и кино́, певе́ц Михаи́л
Боя́рский. Он всегда́ но́сит чёрную шля́пу и очки́.

◆ Мисс Ми́ра–2002 Окса́на Фёдорова не то́лько моде́ль, но и юри́ст. Она́
высо́кая, стро́йная, краси́вая брюне́тка со све́тлыми глаза́ми. Ей идёт
элега́нтный стиль.

◆ Луча́но Паваро́тти — знамени́тый италья́нский о́перный пе́вец, он носи́л
бо́роду и усы́. Все зна́ют, что он люби́л вку́сно пое́сть, и поэ́тому он был
о́чень по́лный.

◆ Популя́рная тележурнали́стка Ни́ка Га́нич — эффе́ктная блонди́нка. Она́
лю́бит носи́ть я́ркую оде́жду и мо́дные очки́.

Как её зову́т? Кто она́?

_____

Как его́ зову́т? Кто он?

_____

Как его́ зову́т? Кто он?

_____

Как её зову́т? Кто она́?

_____

Practice Your Handwriting

Упражнение 12. *Пишите по-русски.*

$$\text{Щ} = \mathcal{U}\!\!\!\!$$

$$\text{щ} = \mathit{uy}$$

щи _____	**Щ**едри́н _____
бор**щ** _____	Хрущёв _____
щека́ *(cheek)* _____	**щ**ётка *(brush)* _____
же́н**щ**ина _____	об**щ**ежи́тие _____

$$\text{Ц} = \mathcal{U}$$

$$\text{ц} = \mathit{uy}$$

центр _____	**ц**арь _____
цирк _____	**ц**вет _____
ста́н**ц**ия _____	**ц**уна́ми _____
цеме́нт _____	**ц**икло́н _____
церемо́ния _____	**ц**ивилиза́ция _____

Цю́рих _____	Вене́**ц**ия _____
Кла́ра **Ц**е́ткин _____	Фра́н**ц**ия _____
Мо́**ц**арт _____	**Ц**ейло́н _____
Константи́н **Ц**иолко́вский _____	

Мы так говорим:

У кого́ что боли́т, тот о том и говори́т.

Урок 19 (девятнадцать). Девятнадцатый урок

Упражнение 1. *Match the questions to the answers.*
Соедините вопросы и ответы.

1. Ты отдыхáл в деревне? (   )

2. Твой друг смотрéл футбóл по телевúзору? (   )

3. Что дéлала твоя подрýга в суббóту? (   )

4. Когó ты вúдел в бáре? (   )

5. Что друзья дéлали вéчером в пятницу? (   )

6. Где вы бы́ли в воскресéнье? (   )

а) Мы бы́ли на пляже в воскресéнье.

б) Нет, я отдыхáл в санатóрии.

в) В бáре я вúдел дрýга и егó дéвушку.

г) Друзья ýжинали в китáйском ресторáне.

д) Нет, потомý что он был зáнят.

е) Онá ходúла в салóн стрúчься *(to cut hair)*.

Упражнение 2. *Insert the verbs in the sentences.*
Вставьте глаголы в предложения.

Модель:

— Где вы бы́ли вчерá?
— Я был дóма.

— Кудá вы ходúли вчерá?
— Мы ходúли в теáтр.

1. — Где друзья _____ в суббóту?
   — Онú _____ на дискотéке.

2. — Кудá подрýга _____ в выходны́е?
   — Онá _____ в спортклýб.

3. — Кудá друг _____ вчерá?
   — Он _____ в кинотеáтр.

4. — Кудá мéнеджер _____ в понедéльник?
   — Он _____ в посóльство.

5. — Где коллéги _____ в пятницу вéчером?
   — Онú _____ на фестивáле джáза.

6. — Где вы _____ в воскресéнье?
   — Я _____ в магазúн.

7. — Кудá вы _____ вчерá ýтром?
   — Я _____ на урóке.

19

Упражнение 3. *Fill in the table. Заполните таблицу.*

Когда?	Кто?	Что делать?	Где? или Куда?
Вчера́	я	ходи́л	в теа́тр.
		у́жинал	в кафе́.
По́сле рабо́ты	мы	е́здили	в рестора́н.
		бы́ли	
		у́жинали	
		ходи́ли	
		сиде́ли	
		отдыха́ли	
		пое́дем	
		пойду́	
		прие́дет	
		пойдёшь	

Когда?	Кто?	ходить ездить	Куда?	Что делать?
По́сле уро́ка	я	ходи́л	в спортклу́б	игра́ть в те́ннис.
В январе́	мы	е́здили	в Пари́ж	отдыха́ть.

Упражнение 4. *Write the verbs* **идти** *or* **ходить** *in the correct form.*
Напишите глаголы **идти** *или* **ходить** *в правильной форме.*

1. Куда́ _____ ваш друг и его́ подру́га сего́дня?
2. Куда́ обы́чно они́ _____ ве́чером?
3. С кем ва́ши друзья́ _____ в рестора́н?
4. С кем вы обы́чно _____ в бар?
5. Куда́ ча́сто _____ ва́ши колле́ги?
6. Вам нра́вится _____ на конце́рты класси́ческой му́зыки?
7. Куда́ вы _____ по́сле уро́ка?
8. Я _____ в бассе́йн.
9. Вы ча́сто _____ туда́?
10. Обы́чно я _____ в бассе́йн три ра́за в неде́лю.
11. Е́сли пого́да плоха́я, вы _____ гуля́ть в парк?
12. Ты _____ в клуб ка́ждый ве́чер?
13. Ва́ша подру́га _____ по магази́нам?
14. С кем она́ обы́чно _____ туда́?
15. Ваш сын уже́ _____ в шко́лу?
16. Сейча́с мы _____ на встре́чу.
17. Врач говори́т, что ты до́лжен мно́го _____ пешко́м.
18. Вы лю́бите _____ в го́сти?

Упражнение 5. *Write the verbs* **ехать** *or* **ездить** *in the correct form.*
Напишите глаголы **ехать** *или* **ездить** *в правильной форме.*

1. Ка́ждый день я _____ на рабо́ту на авто́бусе.
2. В воскресе́нье все на́ши друзья́ _____ на да́чу.
3. В про́шлом году́ мой друзья́ _____ на экску́рсию в Росси́ю.
4. Туда́ они́ _____ на по́езде, а обра́тно _____ на авто́бусе.
5. Вчера́ ве́чером я _____ в аэропо́рт, поэ́тому прие́хал домо́й по́здно.
6. Обы́чно мой брат _____ на рабо́ту на метро́, но сего́дня он встал по́здно, поэ́тому _____ на такси́.
7. Мои́ колле́ги бу́дут _____ в Испа́нию ча́сто, потому́ что они́ купи́ли там дом.
8. Нам нра́вится _____ в го́ры.
9. Сего́дня ве́чером мы _____ в го́сти к подру́ге.
10. Ле́том мы _____ во Фра́нцию. Туда́ мы _____ на маши́не, а обра́тно _____ на по́езде.
11. На про́шлой неде́ле наш ассисте́нт _____ на стажиро́вку за грани́цу.
12. Ле́том ка́ждую неде́лю мы с подру́гами _____ за́ город.
13. В э́том году́ ме́неджер _____ на конфере́нцию в Москву́.

Упражнение 6. *Write the right form of the word* **который**.

               Напишите правильную форму слова **который** *(которая, которое, которые).*

1. В теа́тре я ви́дел ме́неджера, _____ рабо́тает в турагéнтстве.
2. Вчера́ я купи́л пи́во, _____ о́чень люблю́.
3. Я взял ру́чку, _____ была́ на столе́.
4. Принеси́те, пожа́луйста, кни́ги, _____ стоя́т в шкафу́.
5. Моя́ подру́га хо́чет купи́ть пальто́, _____ она́ ви́дела в магази́не вчера́.
6. Покажи́те мне, пожа́луйста, очки́, _____ лежа́т сле́ва.
7. Мне нра́вится гости́ница, _____ нахо́дится о́коло междунаро́дного ба́нка.
8. Да́йте, пожа́луйста, сыр, _____ лежи́т све́рху *(on the top).*
9. В воскресе́нье я смотрю́ по телеви́зору програ́ммы, _____ мне нра́вятся.
10. Скажи́те, пожа́луйста, э́то та *(that)* доро́га, _____ идёт к гости́нице?

Упражнение 7. а) *Read the text and find verbs of motion.*

               Прочитайте текст, найдите в тексте глаголы движения.

Ро́берт прие́хал из Голла́ндии рабо́тать в компа́нии в Баку́. Он энерги́чный бизнесме́н. Че́рез полго́да он откры́л филиа́л *(branch)* голла́ндской компа́нии в Алма-Ате́. Он серьёзно изуча́ет ру́сский язы́к, потому́ что и в Баку́, и в Алма-Ате́ лю́ди понима́ют по-ру́сски. Он хо́чет знать ру́сский язы́к, что́бы смотре́ть ме́стные *(local)* програ́ммы по телеви́зору, чита́ть газе́ты и журна́лы по-ру́сски. Сейча́с он ча́сто е́здит из Амстерда́ма в Баку́ и из Баку́ в Алма-Ату́. Ему́ нра́вится е́здить в э́ти города́.

В Баку́ по́сле рабо́ты и уро́ков он хо́дит гуля́ть на бульва́р, ката́ется на я́хте, занима́ется спо́ртом. Он хо́дит в спортклу́б и бассе́йн ка́ждые выходны́е. По вечера́м *(in the evenings)* он у́жинает в рестора́не в це́нтре го́рода и́ли в яхт-клу́бе. Ча́сто е́здит на маши́не на пикники́ в го́ры.

Когда́ Ро́берт е́здит в Алма-Ату́, он мно́го рабо́тает и отдыха́ет с колле́гами. Там он говори́т то́лько по-ру́сски. Сейча́с ему́ тру́дно, но он ду́мает, что э́то хоро́шая пра́ктика. В Алма-Ате́ он мно́го хо́дит пешко́м по го́роду. Это чи́стый, зелёный и совреме́нный го́род. Здесь есть краси́вые зда́ния, хоро́шие магази́ны, но́вые гости́ницы, рестора́ны и ночны́е клу́бы. У него́ здесь мно́го друзе́й, кото́рые помога́ют ему́ во всём. Зимо́й они́ е́здили на экску́рсию на изве́стный стадио́н Меде́о.

Неда́вно к нему́ в Баку́ прие́хали его́ роди́тели, кото́рые плани́руют пое́хать с ним в Алма-Ату́ посмотре́ть го́род.

б) *Расскажите, куда ходит и ездит Роберт.*

Упражнение 8. *Complete the sentences using verbs of motions. Use pictures given below.* Составьте предложения с глаголами движения. Используйте данные ниже фотографии.

1. Ка́ждое у́тро _____

19

2. Всегда́_____

3. Ча́сто_____

4. Ка́ждый год _____

5. Иногда́ _____

6. По вечера́м _____

7. Оди́н раз в ме́сяц _____

Упражнение 9. *Write the questions for these answers, use the key words in bold.*
Напишите вопросы к выделенным словам.

Модель:

— **Когда́** на́ши друзья́ хо́дят в клуб?

— На́ши друзья́ хо́дят в клуб **по вечера́м**.

1. _____

— **Тури́сты** лю́бят е́здить на мо́ре.

2. _____

— Друг пое́хал на экску́рсию **в Санкт-Петербу́рг**.

3. _____

— Ме́неджер е́здил в командиро́вку **2 ра́за**.

4. _____

— Ему́ нра́вится е́здить в командиро́вки, **потому́ что он ви́дит но́вые города́**.

5. _____

— **В про́шлом году́** они́ е́здили в Испа́нию.

6. _____

— Колле́га был в о́тпуске **две неде́ли**.

7. _____

— В суббо́ту мы **ходи́ли на вы́ставку**.

8. _____

— Он откры́л но́вый филиа́л компа́нии **в Алма-Ате́**.

9. _____

— Моя́ подру́га чу́вствует себя́ **отли́чно** по́сле о́тпуска.

ЗАПОМНИТЕ!

пойти́		**зайти́**	
подойти́		**дойти́**	
войти́		**вы́йти**	
прийти́		**уйти́**	
перейти́		**обойти́**	

⭐ **Упражнение 10.** *Read the text and fill in the blanks using the verbs in the Past tense given in the box. Прочитайте текст и заполните пропуски глаголами из рамки в прошедшем времени.*

1.

В суббо́ту мы реши́ли пойти́ в центр го́рода. По пути́ мы _____ *(popped in)* в галере́ю и посмотре́ли там карти́ны. Пото́м мы _____ *(went to)* в кафе́, пи́ли чай и е́ли моро́женое. Когда́ мы сиде́ли в кафе́, туда́ _____ *(entered)* наш друг, и официа́нт _____ *(approached)* к сто́лику и при́нял зака́з. Че́рез 30 мину́т мы _____ *(went out)* из кафе́ и _____ *(went to)* на пло́щадь. Там мы _____ *(popped in)* в магази́н и купи́ли мно́го ди́сков. Мы _____ *(arrived)* домо́й по́здно и до́лго слу́шали му́зыку.

прийти́
пойти́
войти́
подойти́
зайти́
вы́йти

2.

Секрета́рь _____ *(arrived)* в о́фис ме́неджера. Она́ _____ *(entered)* в его́ кабине́т, се́ла и начала́ гото́вить докуме́нты для встре́чи. Че́рез две мину́ты в о́фис _____ *(entered)* ме́неджер и его́ гость из Алма-Аты́. По́сле встре́чи они́ _____ *(went to)* в рестора́н обе́дать. Когда́ они́ _____ *(arrived)* в рестора́н, се́ли за стол, к ним _____ *(approached)* официа́нт. По́сле обе́да ме́неджер _____ *(left)* на собра́ние в друго́й о́фис, а гость реши́л _____ *(to go to)* на экску́рсию. Поэ́тому он _____ *(went across)* доро́гу и _____ *(entered)* в бюро́ экску́рсий. А секрета́рь реши́ла _____ *(to pop in)* в суперма́ркет, поэ́тому она́ то́же _____ *(went across)* че́рез доро́гу с го́стем, пото́м _____ *(went around)* кио́ск и _____ *(entered)* в магази́н. Отту́да *(from there)* она́ _____ *(went)* на рабо́ту.

Гость до́лго гуля́л по го́роду и _____ *(arrived)* в гости́ницу по́здно.

прийти́
войти́
пойти́
перейти́
подойти́
зайти́
уйти́
обойти́
уйти́

Practice Your Handwriting

Упражнение 11. *Пишите по-русски.*

$$\text{E} = \mathcal{E}$$
$$\text{e} = e$$

$$\text{Ё} = \ddot{\mathcal{E}}$$
$$\text{ё} = \ddot{e}$$

еда́ _____

éсли _____

касс**é**та _____

т**е**кст _____

тел**е**ви́зор _____

д**е**текти́в _____

Eвро́па _____

Eкате**р**и́на _____

Eнисе́й _____

Eги́пет _____

ёлка _____

е**ё** _____

ещ**ё** _____

акт**ё**р _____

з**е**л**ё**ный _____

партн**ё**р _____

Хрущ**ё**в _____

Урок 20 (двадцать). Двадцатый урок

Упражнение 1. *Match the part of the sentences on the left to the part on the right.*
Соедините левую часть предложения с правой частью.

1. Сейчас ситуация хуже, (   )
2. Мой брат умнее, (   )
3. Ваш проект важнее, (   )
4. Твой мобильный телефон современнее, (   )
5. Наша командировка короче, (   )
6. Вечер в мае был скучнее, (   )

а) чем ваша в июне.
б) чем на Рождество.
в) чем сестра.
г) чем другая работа.
д) чем мой.
е) чем вчера.

Упражнение 2. *Write the words given in the brackets in the correct form.*
Напишите слова из скобок в правильной форме.

1. Климат на юге _____ , чем на севере.   (тёплый)
2. На севере летом ночи _____ , чем на юге.   (светлый)
3. В Баку ветер _____ , чем в Москве.   (сильный)
4. Сегодня погода _____ , чем вчера.   (жаркий)
5. Вчера было _____ , чем сегодня.   (холодный)
6. Мой друг говорит по-русски _____ , чем я.   (хорошо)
7. Моя жена играет в теннис _____ , чем я.   (плохо)
8. Библиотека в центре города _____ , чем другие. (большая)

Упражнение 3. *Write the sentences as in the model.*
Напишите предложения по модели.

Модель:

Мария / добрый / Александр.
Мария добрее, чем Александр.
Мария добрее *(кого?)* Александр**а**.

1. Бабушка / молодой / дедушка.

_____

_____

2. Джон / весёлый / Майкл.

_____

_____

20

3. Он / энергичный / ты.

_____

_____

4. Мой дом / маленький / твой дом.

_____

_____

5. Эта проблема / серьёзный / моя.

_____

_____

6. Твой телевизор / хороший / мой.

_____

_____

7. Москва / большой / Новгород.

_____

_____

8. Эта новая идея / интересный / твоя старая.

_____

_____

Упражнение 4. _Write opposites._ Напишите антонимы.

темно́	_____	мно́го	_____
ти́хо (говори́ть)	_____	ме́дленно	_____
ста́рый (райо́н)	_____	ста́рое (де́рево)	_____
восто́чный	_____	тёплый	_____
ле́вый	_____	по́лный	_____
гря́зный	_____	се́вер	_____
день	_____	высо́кий	_____
отдыха́ть	_____	начина́ть	_____

Упражнение 5. _Use the word_ **самый** _in the correct form._
Употребите слово **самый** _в правильной форме._

Модель:

«Га́рри По́ттер» — э́то сейча́с са́мая популя́рная де́тская кни́га.

1. Моя́ подру́га _____ элега́нтная де́вушка в о́фисе.
2. Зима́ — _____ холо́дное вре́мя го́да.
3. Во́дка — _____ кре́пкий напи́ток.
4. В А́фрике _____ жа́ркий кли́мат.
5. Пое́здка в о́тпуск с семьёй _____ дорога́я для меня́.

6. Блины́ — моё _____ люби́мое блю́до.

7. Ма́ленькие де́ти — _____ энерги́чные.

8. Твоя́ иде́я — _____ интере́сная для рабо́ты.

9. Для меня́ и мои́х друзе́й го́ры — э́то _____ хоро́шее ме́сто для о́тдыха.

10. Москва́ — э́то _____ большо́й го́род в Росси́и.

11. Каспи́йское мо́ре — _____ большо́е о́зеро в ми́ре.

12. О́зеро Байка́л — _____ глубо́кое (*deep*) о́зеро в Росси́и.

Упражнение 6. *Answer the questions using the words given in the table.*
Ответьте на вопросы. Используйте слова из таблицы.

Модель:

— Кто ста́рше: курье́р и́ли администра́тор?

— Администра́тор ста́рше, чем курье́р.

1. Кто са́мый ста́рший?

2. Кто мла́дше: курье́р и́ли администра́тор?

3. Кто са́мый мла́дший?

4. Кто вы́ше: курье́р или секрета́рь?

5. Кто са́мый высо́кий?

6. Кто ни́же: администра́тор и́ли секрета́рь?

7. Кто то́лще/полне́е?

8. У кого́ голубы́е глаза́?

9. У кого́ тёмные коро́ткие во́лосы?

10. У кого́ коро́ткие во́лосы и зелёные глаза́?

	курье́р	**секрета́рь**	**администра́тор**
во́зраст (*age*)	20 лет	23 го́да	25 лет
рост	1 м 64 см	1 м 68 см	1 м 78 см
вес (*weight*)	66 кг	58 кг	74 кг
во́лосы	тёмные коро́ткие	све́тлые дли́нные	тёмные коро́ткие
глаза́	зелёные	голубы́е	ка́рие

20

Упражнение 7. *Look at the photos and describe them.*
Посмотрите на фото и опишите их.

1. Как их зовýт?
2. Кто онú?
3. Кто умнée?
4. Кто серьёзнее?
5. Кто энергúчнее?
6. Кто красúвее?
7. Кто талáнтливее?
8. Кто элегантнее?
9. Кто успéшнее *(more successful)*?
10. Кто сáмый дóбрый?

Упражнение 8. *Write the questions for these answers, use the key words in bold.*
Напишите вопросы к выделенным словам.

Модель:

— **Где** вам бóльше нрáвится отдыхáть?
— Мне бóльше нрáвится отдыхáть **в горáх**.

1. _____
— Интерéснее поéхать **в Еврóпу**, чем отдыхáть на мóре.
2. _____
— Я дýмаю, **китáйский** язы́к изучáть труднée, чем рýсский.
3. _____
— Моя́ сáмая любúмая футбóльная комáнда — **«Динáмо»**.
4. _____
— Наш гость, бизнесмéн Рóберт, приéхал **из Голлáндии**.
5. _____
— **Мой друзья́** ходúли на чемпионáт по гимнáстике.
6. _____
— Зимóй мы предпочитáем **катáться на лы́жах**.
7. _____
— **Лéтом** в э́том годý óчень необы́чная погóда.
8. _____
— У нас хорóшее настроéние *(mood)*, **потомý что нáша фúрма получúла грант**.
9. _____
— Сейчáс на термóметре **43 грáдуса**!

Мария

Елена

Упражнение 9. Create some texts. Составьте тексты.

Пётр и Андрей — партнёры по бизнесу. Пётр — брюнет высо́кого ро́ста. У него́ тёмные глаза́ и коро́ткие во́лосы.

Мари́я — жена́ Петра́. Она́ прие́хала из Казахста́на. Мари́я о́чень стро́йная и краси́вая де́вушка. У неё дли́нные во́лосы. Она́ всегда́ весёлая.

Андре́й рабо́тает в Санкт-Петербу́рге и ча́сто е́здит в Москву́.

Еле́на — подру́га Мари́и и сестра́ Петра́. Еле́на лю́бит музе́и и ча́сто е́здит в Петербу́рг.

знако́мый	брат
	жена́
муж	
	колле́га
подру́га	партнёр по би́знесу
сестра́	друг
	молодо́й челове́к
де́вушка	

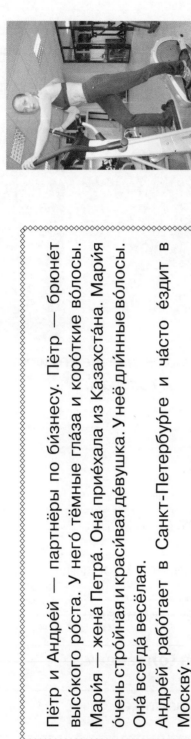

Пётр

Андре́й

энергичный/ пассивный

добрый/ злой

весёлый/ грустный

марафон

тур

семинар

пикник

круиз

конференция

любит что?/кого?

приехал(а) из

ездит

живёт в

ходит

работает в

встретился (-лась) (-лись)

занимается чем?

ей/ему (не) нравится

высокого/низкого роста

полный/худой

стройный

красивый

блондин(ка) брюнет(ка)

длинные/короткие волосы

тёмные/светлые глаза

Упражнение 10. *Fill in the blanks using the words from the box.*
Заполните пропуски словами из рамки.

1. Майкл ча́сто _____ в Ло́ндон, потому́ что там живу́т его́ роди́тели.
2. Рабо́та в Росси́и _____, чем в А́нглии.
3. Она́ лю́бит _____ на вы́ставки.
4. Ему́ _____ в клу́бе, чем в теа́тре.
5. Го́сти _____ из Москвы́ в суббо́ту.
6. Води́тель _____ в аэропо́рт но́чью.
7. _____ краси́вый фейерве́рк был на Но́вый год.
8. Мужчи́на _____ себя́ неудо́бно в шо́ртах в о́фисе.
9. На конце́рт _____ ходи́ть в шо́ртах.
10. По телефо́ну _____ заказа́ть пи́ццу на́ дом.

интере́снее
мо́жно
прие́хали
пое́дет
е́здит
са́мый
чу́вствовал
ходи́ть
веселе́е
нельзя́

Упражнение 11. *Проверь себя.*

Как это по-английски?

по-русски	по-английски	по-русски	по-английски
атле́т		по́ло	
аэро́бика		приз	
баскетбо́л		ра́унд	
бейсбо́л		ре́гби	
бокс		ринг	
винд-сёрфинг		сет	
волейбо́л		спорт	
гимна́стика		спортсме́н	
гольф		спортсме́нка	
коммента́тор		стадио́н	
корт		те́ннис	
крике́т		тре́нер	
марафо́н		футбо́л	
матч		хокке́й	
Олимпиа́да		ша́хматы	

20

Упражнение 12. а) *Прочитайте текст.*

Олимпийские игры

Олимпийские игры — это самые большие спортивные соревнования. Это праздник спорта, мира и дружбы, потому что в них участвуют спортсмены из Америки, из Европы, из Азии, из Австралии и из Африки.

Олимпийские игры начались две тысячи лет назад в Греции, в Олимпии. Второй раз Олимпиада (Олимпийские игры) родилась в 1896 (тысяча восемьсот девяносто шестом) году тоже в Греции. Француз Пьер Кубертен, который много сделал, чтобы Олимпийские игры продолжались, писал об Олимпиаде:

«О спорт, ты — мир! Ты объединяешь народы!
Ты учишь молодёжь уважать себя и друг друга».

Олимпийские игры проводят один раз в четыре года. Тысячи людей смотрят эти соревнования на стадионе и дома по телевизору. Первый день — это открытие игр. Известные спортсмены со всего мира несут Олимпийский огонь из Греции. На стадионе поднимают белый олимпийский флаг, на котором 5 колец — голубое, чёрное, красное, жёлтое и зелёное. Эти цвета — символы каждого континента. Девиз Олимпийских игр — «Быстрее, выше, сильнее».

Эти соревнования организуют летом и зимой. Зимние игры называют Белой Олимпиадой. В 2014 (две тысячи четырнадцатом) году Белая Олимпиада будет в России в городе Сочи.

Новые слова:

игра = game
соревнование = competition
участвовать = to take part in
открытие = opening
нести = to carry
огонь = fire
поднимать = to rise
кольцо = ring

девиз = motto
молодёжь = youth
дружба = friendship
родиться = to be born
объединять = to unite
уважать = to respect
проводить = to conduct
мир = peace

б) *Match the left part of the sentence to the right part.*
   Соедините левую и правую части предложений.

1. Олимпи́йские и́гры — (   )   а) бу́дут в го́роде Со́чи.
2. Спорсме́ны уча́ствуют (   )   б) «быстре́е, вы́ше, сильне́е».
3. Францу́з Пьер Куберте́н (   )   в) в пра́зднике спо́рта.
4. Деви́з Олимпиа́ды — (   )   г) са́мые больши́е спорти́вные
                                        соревнова́ния.
5. Зи́мние и́гры (   )   д) мно́го сде́лал, что́бы Олимпи́йские
                                        и́гры продолжа́лись.
6. В 2014 году́ зи́мние   е) называ́ют Бе́лой Олимпиа́дой.
   Олимпи́йские и́гры (   )

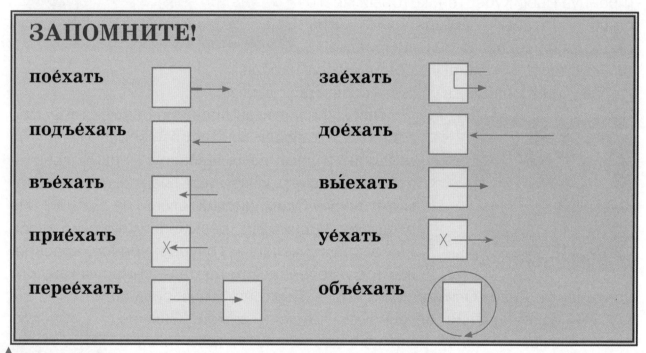

⭐ **Упражне́ние 13.** *Read the texts and fill in the blanks using the verbs given in the box in the Past tense. Прочитайте тексты и заполните пропуски глаголами из рамки в прошедшем времени.*

1.

Я взял такси́ и _____ *(left)* из до́ма в 6.30. Снача́ла я _____ *(went)* по у́лице, _____ *(passed by)* университе́т, _____ *(went around)* парк и па́мятник. Я _____ *(reached)* до гости́ницы за 15 мину́т. Бы́стро _____ *(went into)* в гости́ницу. Там я позанима́лся в спортклу́бе. Пото́м _____ *(went out)* из гости́ницы и __ _____ *(went)* в о́фис. Такси́ст _____ *(went)* бы́стро. Когда́ я _____ *(approached)* к о́фису, бы́ло уже́ 8 часо́в. Я _____ *(came)* на рабо́ту во́время.

| уе́хать |
| поéхать |
| проéхать |
| объéхать |
| доéхать |
| приéхать |
| подъéхать |
| éхать |
| войти́ |
| вы́йти |

20

2.

В суббо́ту мы _____ (went) за́ город на пикни́к. Мы _____ (left) из до́ма ра́но у́тром. Снача́ла мы _____ (popped in) в суперма́ркет и купи́ли проду́кты и напи́тки, пото́м _____ (went out) из го́рода. Че́рез два часа́ мы _____ (approached) к реке́, _____ (crossed) че́рез мост, _____ (entered) в лес и нашли́ отли́чное ме́сто для о́тдыха.

Мы _____ (came) в го́род ве́чером.

уе́хать
пое́хать
вы́ехать
вы́ехать
подъе́хать
зае́хать
перее́хать
прие́хать

Practice Your Handwriting

Упражне́ние 14. *Пиши́те по-ру́сски.*

$$Я = \mathscr{Я}$$

$$я = \mathscr{я}$$

яхта _____   земл**я́** (*Earth, world*) _____

д**я́**д**я** _____   сего́дн**я** _____

иде́**я** _____   ситуа́ци**я** _____

м**я́**со _____   информа́ци**я** _____

Япо́ния _____   **Я**на _____

Ялта _____   **Я**нош _____

Яма́йка _____   **Я**росла́в _____

Мы так говори́м!

Лу́чше ме́ньше, да лу́чше.

Ста́рый друг лу́чше но́вых двух.

Лу́чше оди́н раз уви́деть, чем сто раз услы́шать.

Урок 21 (двадцать один). Двадцать первый урок

Предложный падеж — О-6
The Prepositional Case

Упражнение 1. *Write the correct endings of adjectives.*
Напишите правильные окончания прилагательных.

Модель:

В **каком го́роде** вы живёте? — В больш**о́м** краси́в**ом** го́роде.

В **каком мо́ре** мно́го не́фти? — В Се́верн**ом** мо́ре.

В **какой гости́нице** вы жи́ли в Пари́же? — В ма́леньк**ой** ую́тн**ой** гости́нице.

1. В како́м до́ме вы живёте? — В но́в____ , больш____ , краси́в____ до́ме.
2. В како́м зда́нии вы рабо́таете? — В ста́р____ зда́нии.
3. В како́й газе́те вы чита́ли об Олимпиа́де в Со́чи? — В но́в____ англи́йск____ газе́те.
4. В како́м упражне́нии вы по́няли все слова́? — В э́т____ тру́дн____ больш____ упражне́нии.
5. На како́м этаже́ ва́ша кварти́ра? — На тре́ть____ этаже́.
6. О како́й о́пере вы расска́зывали? — Об италья́нск____ о́пере.

Упражнение 2. *Write the questions for these answers, use the key words in bold.*
Напишите вопросы к выделенным словам.

Модель:

— **О како́м** ма́тче вы говори́ли?
— Вчера́ мы с дру́гом говори́ли об **интере́сном футбо́льном** ма́тче.

1. _____
— Неда́вно мы с подру́гой бы́ли на бале́те, а пото́м разгова́ривали об э́том **хоро́шем класси́ческом** бале́те.
2. _____
— На́ши друзья́ купи́ли но́вый дом. Мы спра́шивали их об **э́том но́вом большо́м** до́ме.

21

3. _____

— Во **вчера́шней** газе́те мы чита́ли об Олимпиа́де.

4. _____

— Обы́чно мы игра́ем в бридж в **на́шем** клу́бе.

5. _____

— Я ча́сто расска́зываю подру́ге о **мое́й мла́дшей** до́чери.

Упражнение 3. *Match the words. Соедините слова.*

Мы говорили о

тра́нспортной	хо́бби
необы́чном	такси́
интере́сном	бензи́не
па́спортном	компа́нии
высо́кой	ско́рости
дорого́м	контро́ле
маршру́тном	маршру́те

Упражнение 4. *Answer the questions using the words from the brackets in the correct form. Ответьте на вопросы, используя слова в скобках в правильной форме.*

1. На како́м этаже́ ваш о́фис? (пя́тый)

_____

2. Где нахо́дится гости́ница? (ста́рый го́род)

_____

3. Где живёт ваш друг? (сосе́дняя у́лица)

_____

4. О чём мечта́ет ваш друг? (интере́сная рабо́та)

_____

5. В какóй гостúнице вы жúли в óтпуске? (большáя/удóбная)

_____

6. В какóй юбке вы бúли вчерá? (сúняя юбка)

_____

7. В какóм зáле вы слýшали симфонúческий концéрт?
   (нóвый зал филармóнии)

_____

_____

┌───┐
│ **ЗАПОМНИТЕ!**   КОГДÁ?   │
│   │
│ в **э́т**ом   ⎫   на **э́т**ой   ⎫   │
│ в **про́шл**ом   ⎬ году́/ме́сяце   на **про́шл**ой ⎬ неде́ле │
│ в **сле́дующ**ем ⎭   на **сле́дующ**ей ⎭   │
└───┘

Упражнение 5. *Answer the questions using the words from the brackets in the correct form. Ответьте на вопросы, используя слова в скобках в правильной форме.*

1. Когдá вы приéхали в Россúю? (прóшлый год)

_____

2. Когдá ваш друг нáчал изучáть рýсский язык? (э́тот год)

_____

3. Когдá ваш инженéр закóнчит проéкт? (слéдующий год)

_____

4. Когдá онú вернýлись *(returned)* из óтпуска? (э́тот мéсяц)

_____

5. Когдá вы бúли в командирóвке? (прóшлая недéля)

_____

6. Когдá ваш коллéга поéдет на кýрсы? (э́та недéля)

_____

7. Когдá был послéдний урóк? (прóшлый мéсяц)

_____

⭐ **Упражнение 6.** *Read these sentences and find the words in Plural in the Prepositional case. Прочитайте предложения и найдите слова в форме множественного числа в предложном падеже.*

21

1. Подрýга покупáет одéжду **в дорогúх магазúнах**.
2. Моú друзьá лю́бят ýжинать в китáйских и индúйских ресторáнах.

3. Нам нра́вится отдыха́ть в ю́жных города́х Ту́рции.

4. В суббо́ту мы игра́ем в те́ннис на хоро́ших те́ннисных ко́ртах.

5. Тури́сты в Гре́ции бы́ли в истори́ческих музе́ях.

6. Учёные рабо́тают в нау́чных лаборато́риях.

7. Студе́нты у́чатся в госуда́рственных *(state)* и ча́стных *(private)* университе́тах.

8. В больши́х города́х лю́ди обы́чно живу́т в ма́леньких кварти́рах.

Винительный падеж — О-4
The Accusative Case

Упражне́ние 7. *Отве́тьте на вопро́сы.*

1. Каку́ю кни́гу вы чита́ли вчера́, интере́сную и́ли неинтере́сную?

2. Каку́ю газе́ту он чита́ет, сего́дняшнюю и́ли вчера́шнюю?

3. Каку́ю сестру́ он ждёт, ста́ршую и́ли мла́дшую?

4. Каку́ю во́дку вы лю́бите, ру́сскую и́ли япо́нскую?

5. Како́й суп вы заказа́ли, тома́тный и́ли грибно́й?

6. Како́й чай вы предпочита́ете, зелёный и́ли чёрный?

7. Како́е пла́тье она́ купи́ла, зи́мнее и́ли ле́тнее?

8. Како́е упражне́ние вы сде́лали до́ма, пе́рвое и́ли второ́е?

9. Како́го дру́га вы встре́тили у́тром, но́вого и́ли ста́рого?

10. Како́го специали́ста вы зна́ете, о́пытного и́ли молодо́го?

Упражне́ние 8. *Write the correct endings of adjectives.*
Напиши́те пра́вильные оконча́ния прилага́тельных.

Моде́ль:

> **Како́й журна́л** вы чита́ете? — Я чита́ю но́вый журна́л.

> **Каку́ю кни́гу** вы чита́ли? — Я чита́л но́вую кни́гу.

> **Како́го дру́га** вы ви́дели вчера́ в рестора́не? — Я ви́дел ста́рого дру́га.

> **Каку́ю подру́гу** вы встреча́ете? — Мою́ шко́льную подру́гу.

> **Како́е зда́ние** вы ви́дели в це́нтре? — В це́нтре я ви́дел краси́вое зда́ние.

1. Како́й фильм вы смотре́ли вчера́? — Но́в___ австрали́йск___ фильм.

2. Каку́ю де́вушку вы ждёте? — Мо___ знако́м___ де́вушку.

3. Како́го дру́га вы пригласи́ли на вече́р? — Хоро́ш___ ста́р___ дру́га.

4. Кого́ вы ждёте здесь? — Мо___ хоро́ш___ дру́га и его́ сестру́.

5. Кого́ вы встреча́ете ка́ждый день? — Наш___ преподава́теля.

6. Каку́ю певи́цу вы лю́бите слу́шать? — Популя́рн___ о́перн___ певи́цу.

7. Что вы обы́чно чита́ете ве́чером? — Све́ж___ газе́ту.

Упражнение 9. *Match the words. Соедините слова.*

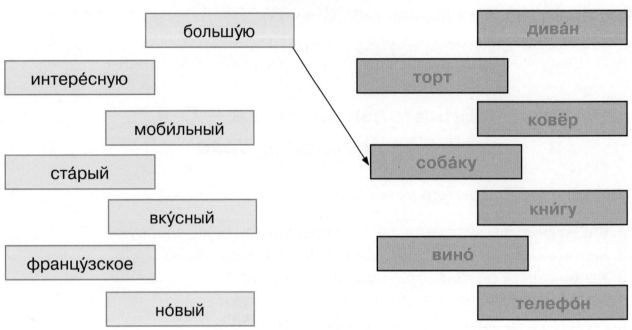

Мы купили

большу́ю → соба́ку

интере́сную

моби́льный

ста́рый

вку́сный

францу́зское

но́вый

дива́н
торт
ковёр
кни́гу
вино́
телефо́н

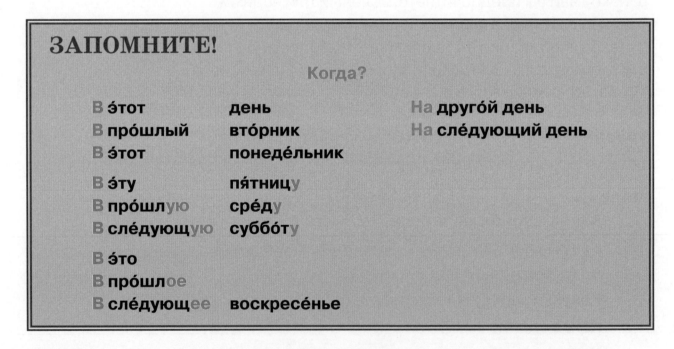

ЗАПО́МНИТЕ!

Когда?

В э́тот	день	**На** другой день
В про́шлый	вто́рник	**На** сле́дующий день
В э́тот	понеде́льник	

В э́ту пя́тницу
В про́шлую сре́ду
В сле́дующую суббо́ту

В э́то
В про́шлое
В сле́дующее воскресе́нье

Упражнение 10. *Answer the questions using the words from the brackets in the correct form. Ответьте на вопросы, используя слова в скобках в правильной форме.*

1. Когда́ был день рожде́ния дру́га? (про́шлая среда́)

_____

2. Когда́ вы бы́ли в теа́тре? (э́то воскресе́нье)

_____

21

3. Когда́ вы отдыха́ли за́ городом? (про́шлая суббо́та)

_____

4. Когда́ ваш муж пойдёт к врачу́? (сле́дующий четве́рг)

_____

5. Когда́ бу́дет ваш ве́чер? (сле́дующий вто́рник)

_____

6. Когда́ вы пое́дете в клуб? (э́та среда́)

_____

7. Когда́ ваш адвока́т вы́йдет на рабо́ту? (э́тот понеде́льник)

_____

8. Когда́ мы пойдём на бале́т? (сле́дующее воскресе́нье)

_____

Упражнение 11. _Complete the sentences using the following verbs and word combinations. Составьте предложения, используя данные глаголы и словосочетания._

Модель:

  (встре́тить, хоро́ший друг)
  Я встре́тил хоро́шего дру́га в теа́тре.

1. (получи́ть, шенге́нская ви́за)

_____

2. (поста́вить, си́няя ва́за)

_____

3. (слу́шать, совреме́нная му́зыка)

_____

4. (люби́ть, италья́нское вино́)

_____

5. (купи́ть, вече́рнее пла́тье)

_____

6. (носи́ть, но́вое пальто́)

_____

7. (пить, апельси́новый сок)

_____

8. (люби́ть, мла́дший брат)

_____

9. (уважа́ть, люби́мый де́душка)

_____

⭐ **Упражнение 12.** *Read these sentences and find the words in the Accusative case (Plural). Прочитайте предложения и найдите слова в винительном падеже во множественном числе.*

1. Подру́га покупа́ет **дороги́е пла́тья**.
2. Мой друзья́ лю́бят инди́йские рестора́ны.
3. Они́ е́здили отдыха́ть в ю́жные города́ Ту́рции.
4. В суббо́ту мы игра́ем в спорти́вные и́гры.
5. Тури́сты в Гре́ции ходи́ли в истори́ческие музе́и.
6. Учёные откры́ли но́вые нау́чные лаборато́рии.
7. Студе́нты поступа́ют *(enter)* в госуда́рственные и ча́стные университе́ты.
8. Пожилы́е *(elderly)* лю́ди не понима́ют молоды́х люде́й.

Дательный падеж — О-3
The Dative Case

Упражнение 13. *Write the correct endings of adjectives.*
Напишите правильные окончания прилагательных.

Модель:

Како́му ма́льчику нра́вится гуля́ть в па́рке? — Ма́леньк**ому** ма́льчику.
Како́й де́вушке нра́вится отдыха́ть на мо́ре? — На́шей хоро́ш**ей** знако́м**ой**.

1. Како́му студе́нту бы́ло интере́сно на уро́ке? — На́ш___ но́в___ студе́нту.
2. Како́му администра́тору ну́жно переда́ть докуме́нты? — О́фисн___ администра́тору.
3. Како́му клие́нту вам на́до показа́ть контра́кт? — Ста́р___ клие́нту.
4. Како́й журнали́стке вы хоти́те дать интервью́? — Телевизио́нн___ журнали́стке.
5. Како́й подру́ге на́до посла́ть письмо́? — Мо___ люби́м___ подру́ге.
6. Како́му специали́сту вы расска́зывали о прое́кте? — Молод___ специали́сту.

Упражнение 14. *Write the questions for these answers, use the key words in bold. Напишите вопросы к выделенным словам.*

Модель:

— **Како́му** дру́гу вы ве́рите?
— Я ве́рю **моему́ ста́рому** дру́гу.

21

1. _____
— Мы ча́сто звони́м **на́шей люби́мой до́брой** ба́бушке.

2. _____

— **Моему новому** другу Джону нравится класси́ческий бале́т.

3. _____

— Ме́неджер пока́зывает **о́пытному** инжене́ру ва́жный докуме́нт.

4. _____

— Мы переда́ли кни́гу **шко́льной** учи́тельнице.

5. _____

— Нам на́до подари́ть цветы́ **хоро́шей** перево́дчице.

6. _____

— Администра́тор обеща́ла показа́ть о́фис **но́вым** колле́гам.

Упражне́ние 15. *Answer the questions using the words from the brackets in the correct form. Ответьте на вопросы, используя слова в скобках в правильной форме.*

1. Како́му го́стю вы пока́зываете но́вые карти́ны? (иностра́нный)

_____

2. Како́му бра́ту вы купи́ли ру́сские сувени́ры? (мой ста́рший)

_____

3. Како́му ме́неджеру вы даёте э́ти докуме́нты? (наш но́вый)

_____

4. Како́й ба́бушке вы помога́ете? (на́ша люби́мая)

_____

5. Како́й де́вушке он подари́л цветы́? (его́ знако́мая)

_____

6. Како́й сестре́ вы купи́ли но́вые кни́ги? (моя́ мла́дшая)

_____

⭐ **Упражне́ние 16.** *Read these sentences and find the words in the Dative case (Plural). Прочитайте предложения и найдите слова в дательном падеже во множественном числе.*

1. **Мои́м но́вым колле́гам** бы́ло интере́сно на ку́рсе.
2. Твои́м друзья́м нра́вится их но́вая кварти́ра.
3. Нам ну́жно посла́ть факс ста́рым клие́нтам.
4. Мы должны́ сде́лать презента́цию иностра́нным гостя́м.
5. Ба́бушки даю́т сове́ты люби́мым вну́кам.
6. Преподава́тель дал зада́ние англи́йским студе́нтам.
7. Ве́чером мы бу́дем звони́ть америка́нским партнёрам.

Упражнение 17. Match the words. Соедините слова.

Мы повéрили

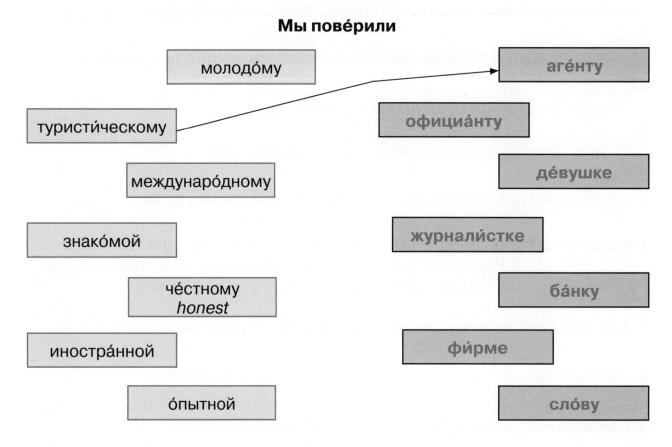

молодóму → агéнту

туристи́ческому

официáнту

междунарóдному

дéвушке

знакóмой

журнали́стке

чéстному
honest

бáнку

инострáнной

фи́рме

óпытной

слóву

Упражнение 18. а) *Прочитайте текст.*

Пельмéни

Пельмéни — óчень популя́рное блю́до в Росси́и. Пельмéни — э́то фарш в тéсте. Основны́е компонéнты для тéста: мукá, я́йца, водá и соль. Фарш обы́чно — э́то говя́дина и свини́на с чеснокóм, пéрцем и лýком. На дрéвнем языкé слóво «пельмéни» знáчит «ýши». Фóрма пельмéней, и прáвда, похóжа на ýхо.

На Урáле и в Сиби́ри приготóвить пельмéни — э́то оригинáльный ритуáл, потомý что вся семья́ вмéсте дéлает ты́сячу и́ли бóльше пельмéней. Потóм их стáвят на морóз, чтóбы они́ замёрзли, и всю зи́му пельмéни лежáт в холóдном мéсте. Когдá нýжно готóвить обéд и́ли когдá прихóдят гóсти, всегдá мóжно свари́ть заморóженные пельмéни. Их вáрят, а потóм едя́т со сметáной, ýксусом и́ли с мáслом.

В Росси́и есть кафé и ресторáны, где готóвят вкýсные сиби́рские пельмéни. В други́х странáх есть «рóдственники» пельмéней. Во Фрáнции и в Итáлии есть

блю́до «равио́ли». Сиби́рские пельме́ни там называ́ют «равио́ли сиби́рские», а ма́ленькие пельме́ни — «равио́ли италья́нские». Они́ обы́чно с ку́рицей и гриба́ми.

В Узбекиста́не и в Таджикиста́не гото́вят ма́ленькие пельме́ни — «чучвара́». В Гру́зии гото́вят «хинка́ли», в Кирги́зии и в Казахста́не — больши́е пельме́ни — «манты́». Манты́ быва́ют ра́зной фо́рмы: ова́льные, кру́глые, фигу́рные. Ва́рят их в специа́льных кастрю́лях на пару́. Фарш гото́вят из бара́нины и́ли из говя́дины с пе́рцем, со́лью и жи́ром. В Азербайджа́не то́же есть «ро́дственники» пельме́ней — ма́ленькие «дюшпара́». Фарш для них обы́чно де́лают из бара́нины. «Дюшпара́» мо́жно купи́ть в магази́нах и́ли попро́бовать в рестора́не.

Новые слова:

фарш = mince   **чесно́к** = garlic
те́сто = pastry   **у́ксус** = vinegar
замёрзнуть = to freeze   **ро́дственники** = relatives
                                 пар = steam

б) *Отве́тьте на вопро́сы.*

1. Вы е́ли пельме́ни? Они́ вам нра́вятся?
2. Вы мо́жете гото́вить пельме́ни?
3. Каки́е проду́кты нужны́, чтобы́ пригото́вить пельме́ни?
4. С чем едя́т пельме́ни?
5. Как называ́ются ру́сские пельме́ни во Фра́нции?
6. У сиби́рских пельме́ней есть «ро́дственники»?

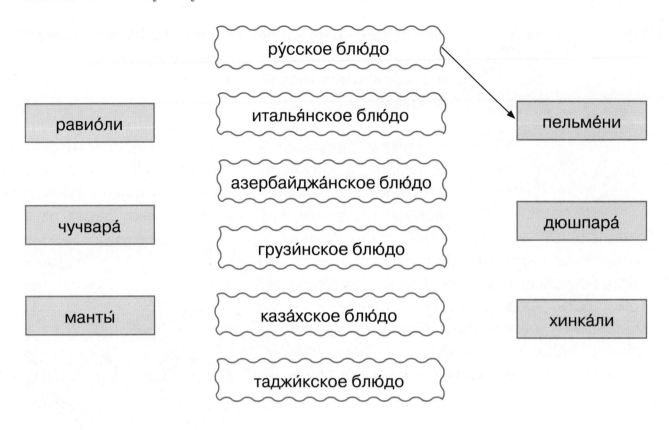

Творительный падеж — О-5
The Instrumental Case

Упражнение 19. *Write the correct endings of adjectives.*
Напишите правильные окончания прилагательных.

Модель:

С каки́м дру́гом ты хо́дишь в спортза́л? — С мо**и́м** лу́чш**им** дру́г**ом**.

С како́й подру́гой ты говори́л по телефо́ну? — С мо**е́й** шко́льн**ой** подру́г**ой**.

Каки́м специали́стом бу́дет ваш сын? — Мой сын бу́дет хоро́ш**им** инжене́р**ом**-строи́тел**ем**.

1. Каки́м языко́м занима́ются ва́ши студе́нты? — Ру́сск___ языко́м.
2. С како́й же́нщиной вам интере́сно разгова́ривать? — С у́мн___ же́нщиной.
3. С каки́м инстру́ктором вы идёте в го́ры? — С о́пытн___ инстру́ктором.
4. Ря́дом с каки́м зда́нием нахо́дится ваш о́фис? — Ря́дом с больш___ ста́р___ кра́сн___ зда́нием.
5. С како́й учи́тельницей вы встре́тились? — С мое́й пе́рв___ учи́тельницей.
6. Каки́м диза́йном увлека́ется ва́ша дочь? — Совреме́нн___ диза́йном.

Упражнение 20. *Write the questions for these answers, use the key words in bold. Напишите вопросы к выделенным словам.*

Модель:

— **Каки́м** иску́сством вы интересу́етесь?

— Мы интересу́емся **совреме́нным** иску́сством.

1. _____

— Мой друг увлека́ется **подво́дным** пла́ванием *(diving)*.

2. _____

— Мы занима́емся **ру́сским** языко́м.

3. _____

— Я обы́чно пишу́ **чёрной** ру́чкой.

4. _____

— Хлеб на́до ре́зать **о́стрым** *(sharp)* ножо́м.

5. _____

— На доске́ мы пи́шем **си́ним** ма́ркером.

6. _____

— Он был **хоро́шим** студе́нтом, когда́ учи́лся в институ́те.

7. _____

— Тури́сты интересова́лись то́лько **дре́вней** архитекту́рой.

Упражнение 21. *Match the words. Соедините слова.*

Мы увлека́лись

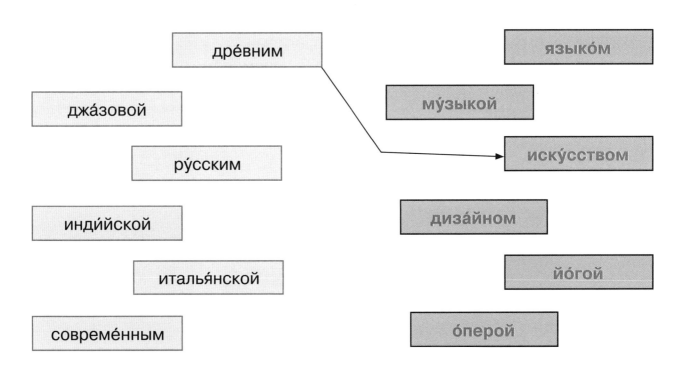

Упражнение 22. *Answer the questions using the words from the brackets in the correct form. Ответьте на вопросы, используя слова в скобках в правильной форме.*

1. С каки́м студе́нтом разгова́ривает преподава́тель? (наш но́вый)

   _____

2. С каки́м учи́телем интере́сно занима́ться? (о́пытный)

   _____

3. С каки́м худо́жником вы познако́мились на вы́ставке? (молодо́й)

   _____

4. С каки́м бра́том он сове́туется? (ста́рший)

   _____

5. С како́й арти́сткой говори́л журнали́ст? (изве́стная)

   _____

6. С како́й де́вушкой вы бы́ли на вы́ставке? (краси́вая, люби́мая)

   _____

Упражнение 23. *Read these sentences and find the words in the Instrumental case (Plural). Прочитайте предложения и найдите слова в творительном падеже во множественном числе.*

1. Ба́бушка ка́ждый день игра́ет **с ма́ленькими вну́ками**.
2. Сего́дня мои́ друзья́ у́жинают с кита́йскими гостя́ми.
3. Нам нра́вится е́здить отдыха́ть со ста́рыми друзья́ми.
4. Мой брат увлека́ется спорти́вными маши́нами.
5. Тури́сты интересу́ются ста́рыми ковра́ми.
6. Учёные занима́ются но́выми нана-техноло́гиями.
7. Мои́ друзья́ наде́ются стать успе́шными бизнесме́нами.
8. В галере́е мы познако́мились с молоды́ми худо́жниками и их но́выми карти́нами.

Родительный падеж — О-2
The Genitive Case

Упражнение 24. *Write the correct endings of adjectives.*
Напишите правильные окончания прилагательных.

Модель:

Из **какого города** вы приехали? — Из северн**ого** американск**ого** город**а**.

С **какой конференции** приехали ваши коллеги? — Они приехали с международн**ой** конференц**ии**.

Около **какого** кафе мы встретимся вечером? — Около летн**его** детск**ого** кафе.

1. От какого друга вы получаете письма? — От мо___ хорош___ друга.
2. Около какого театра есть станция метро? — Около оперн___ театра.
3. Для какого проекта вам нужны ассистенты? — Для нов___ дорог___ проекта.
4. С какой экскурсии приехали ваши родители? — С интересн___ экскурсии.
5. Из какого банка вы ждёте письмо? — Из Центральн___ банка.
6. Без какой девушки вы не пойдёте на вечеринку? — Без мо___ любим___ девушки.

Упражнение 25. *Write the questions for these answers, use the key words in bold. Напишите вопросы к выделенным словам.*

Модель:

— Из какого офиса приехал аудитор?
— Аудитор приехал из **центрального** офиса.

1. _____
   — Они позвонили с **мобильного** телефона.
2. _____
   — Банкир возьмёт деньги из **международного** банка.
3. _____
   — Менеджер гостиницы получил факс от **английского** турагента.
4. _____
   — Партнёры шли с **важной** встречи.
5. _____
   — Туристы вернулись с экскурсии из **исторического** музея.

6. _____

— Джон прие́хал из **коро́ткой** пое́здки в Йндию.

Упражне́ние 26. *Match the words. Соедини́те слова́.*

Мы не мо́жем жить без

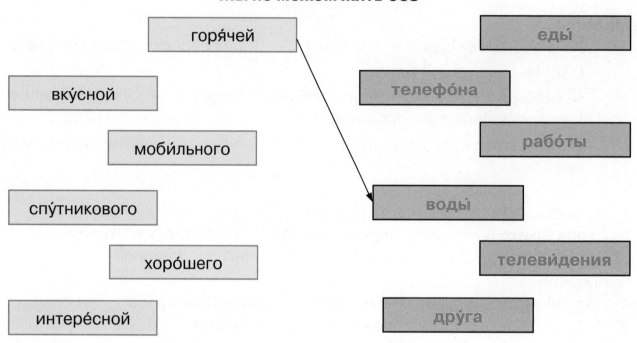

горя́чей	еды́
вку́сной	телефо́на
моби́льного	рабо́ты
спу́тникового	воды́
хоро́шего	телеви́дения
интере́сной	дру́га

Упражне́ние 27. *Complete the sentences using words from the brackets in the correct form. Допиши́те предложе́ния, испо́льзуя слова́ в ско́бках в пра́вильной фо́рме.*

1. В воскресе́нье я обы́чно отдыха́ю по́сле _____ (вку́сный обе́д).
2. Из _____ (коро́ткая командиро́вка) я прие́хал уста́лым.
3. Суперма́ркет нахо́дится напро́тив _____ (центра́льный банк).
4. У _____ (но́вый ме́неджер) есть интере́сные иде́и.
5. Я хочу́ повтори́ть все но́вые слова́ до _____ (мой второ́й уро́к).
6. На э́той у́лице нет _____ (дешёвое кафе́).
7. Мы стои́м о́коло _____ (авто́бусная ста́нция).
8. От до́ма до _____ (ближа́йшая апте́ка) мне на́до идти́ 15 мину́т.
9. В це́нтре го́рода не бу́дет _____ (но́вый конце́ртный зал).

21

10. Вчера́ на́ши студе́нты организова́ли сюрпри́з для _____
_____ (люби́мая учи́тельница).

11. К нам прие́хал муж _____ (моя́ ста́ршая сестра́).

⭐ **Упражне́ние 28.** *Read these sentences and find the words in the Genitive case (Plural). Прочитайте предложения и найдите слова в родительном падеже во множественном числе.*

1. Сейча́с у нас мно́го **хоро́ших друзе́й** в Москве́.
2. Я хочу́, что́бы у вас не́ было но́вых пробле́м.
3. У него́ абсолю́тно нет мора́льных при́нципов.
4. В э́тот пери́од у нас бы́ло мно́го неожи́данных *(unexpected)* тру́дностей *(difficulties)*.
5. Ду́маю, что сейча́с у нас нет серьёзных конкуре́нтов *(compctitors)*.
6. В компа́нии рабо́тает мно́го краси́вых де́вушек.
7. Вчера́ мы рабо́тали двена́дцать часо́в.
8. В ста́ром го́роде нет широ́ких у́лиц.

Императив

Упражне́ние 29. *Insert imperative form of the verb.*
Вста́вьте глаго́л в фо́рме императи́ва.

дать
1. Официа́нт, _____ , пожа́луйста, ещё оди́н нож.

сказа́ть (з → ж)
2. Де́вушка, _____ , пожа́луйста, у вас есть уче́бник ру́сского языка́?

гуля́ть, отдыха́ть
3. Дорого́й пацие́нт, _____ пе́ред сном *(sleeping)* и мно́го _____ !

входи́ть, сади́ться
4. Уважа́емые го́сти, _____ и _____ , пожа́луйста!

говори́ть
5. Алло́! Слу́шаю! _____ гро́мче. Я пло́хо слы́шу вас.

чита́ть, писа́ть, слу́шать
6. Вот ва́ше дома́шнее зада́ние: _____ текст, _____ но́вые слова́, _____ диск.

взять (возьму́), отпра́вить
7. Молодо́й челове́к, _____ э́то письмо́ и _____ его́ по фа́ксу.

Запомните наши пожелания *(wishes)*:

> Бу́дьте здоро́вы!
> Бу́дьте сча́стливы!
> Не боле́йте!
> Не волну́йтесь! = Do not worry!
> Береги́те себя́! = Take care!
> Живи́те бога́то!
> Не обижа́йтесь! = Do not be offended!
> Люби́те нас!
> Говори́те комплиме́нты!
> Не пропада́йте! = Do not disappear!
> Не забыва́йте нас! = Do not forget us!
> Пиши́те пи́сьма!

Practice Your Handwriting

Упражнение 30. *Пишите по-русски.*

Ч = *Ч*   Ю = *Ю*

ч = *ч*   ю = *ю*

ь = *ь*   ъ = *ъ*

час _____   юг_____
чай _____   ю́мор_____
сейча́с_____   костю́м_____
четве́рг_____   меню́_____
матч_____   юбиле́й_____
чемпио́н _____   интервью́_____
                                      компью́тер _____

Чуко́тка _____   Ю́та _____
Чайко́вский _____   Ю́лия_____
Ча́рльз Ди́ккенс _____   Юпи́тер _____
Ча́рли Ча́плин_____   Ю́рий _____
Уи́нстон Че́рчилль_____

объе́кт_____   субъе́кт _____
въе́хать_____   объявле́ние *(announcement)*_____

Словарь

А

абрико́с 14	apricot
айва́ 14	quince
апте́ка 3	chemist
апте́чка 18	first aid kit
арбу́з 15	watermelon

Б

ба́ня 17	bath house
бара́нина 15	lamb
бассе́йн 3	swimming pool
бе́дный 8	poor
бере́чь (себя) 21	to take care (of)
бинт 18	bandage
бифште́кс 15	steak
блю́до 8	dish
бога́тый 8	reach
бока́л 13	wine glass
болту́н 14	chatterbox
больни́ца 3	hospital
борода́ 18	beard
борщ 15	beetroot soup, borscht
буты́лка 12	bottle
буха́нка 13	loaf

В

ва́жный 7	important
валю́та 13	currency
вари́ть/отвари́ть 15	to boil
ва́та 18	cotton
век 3	century
великоле́пный 9	splendid
верну́ться 21	to return, to come back
вертолёт 12	helicopter
вес 20	weight
ветчина́ 12	ham
ве́шалка 2	coat stand, rack
ве́щи 14	things
взять 4	to take
винегре́т 4	Russian salad with beetroot
висе́ть 10	to hang
внима́тельно 11	attentively
внутри́ 3	inside
во́здух 9	air
возмо́жность 17	opportunity
во́зраст 20	age
войти́ 16	to enter, come in
вокза́л 3	railway station
волнова́ться 21	to worry

восто́к 8	East
всё вре́мя 11	all the time
встава́ть 16	to get up
встреча́ть 10 / встре́титься 14	to meet
второ́й 10	second
въе́хать 20	to enter, to go in
вы́ехать 20	to exit, to go out (by car)
вы́йти 19	to go out
высо́кий 10	tall, high
выступа́ть 15	to perform
выходны́е дни 10	weekend, days off

Г

гид 1	guide
гирля́нда 15	garland
гла́вный 17	main
глубо́кий 20	deep
говя́дина 15	beef
го́лос 17	voice
гора́ 8	mountain
го́рло 18	throat
горо́шек 15	pea, peas
гостеприи́мный 8	hospitable
госуда́рственный 21	state
грана́т 15	pomegranate
грибно́й 15	mushroom (adjective)
гру́стный 8	sad
гря́зный 8	dirty
гудо́к 17	dial tone, signal
гуля́ть 8	to stroll
гусь 15	goose

Д

давно́ 11	long time
да́же 10	even
да́ча 5	summer house
дворе́ц 3	palace
деви́з 20	motto
дели́ть 14	to divide
делово́й 14	business
День Побе́ды 15	Victory Day
де́тский 3	children's
де́тство 10	childhood
длина́ 17	length
доба́вить 15	to add
дово́льный 14	satisfied, content
дое́хать 20	to reach
дождли́вый 9	rainy
дойти́ 20	to reach

дома́шнее зада́ние 16 — homework
доро́га 12 — road
доса́дно 18 — frustrated
дре́вний 14 — ancient
друг дру́га 15 — each other
друго́й 9 — another
дру́жба 20 — friendship
дуть 6 — to blow
духи́ 12 — perfume
ды́ня 15 — melon
дя́дя 5 — uncle

Е
ёлка 1 — fir-tree
е́сли 9 — if
ещё 8 — still, yet, more

Ж
жемчу́жина 14 — pearl
жена́т 8 — married
жизнь 11 — life

З
за́ городом 11 — outside of the city
за грани́цей 16 — abroad
забыва́ть 20 — to forget
забы́ть 14 — to forget
заво́д 3 — plant, factory
загора́ть 13 — to sunbath
зае́хать 20 — to pop in
зайти́ 19 — to pop in
заказа́ть 15 — to order
заку́ска 14 — snack, appetizer
зал 1 — hall
замеча́тельный 17 — remarkable, splendid, wonderful
замёрзнуть 21 — to freeze
замеча́ть 9 — to notice
за́мужем 8 — married (for woman)
занима́ться 14 — to be occupied with, to do
заря́дка 13 — morning physical exercises
звук 17 — sound
зе́лень 15 — greens
земля́ 17, 20 — Earth, world, land
знако́мый 10 — acquaintance
зонт 11 — umbrella

И
игра́ 20 — game
игра́ть 5 — to play
игру́шка 15 — toy or ornaments for Christmas

идёт дождь 6 — it's raining
идёт снег 6 — it is snowing
изве́стный 9 — famous
инде́йка 15 — turkey
инжи́р 14 — fig
интересова́ться 14 — to be interested in
иску́сство 15 — art

Й
йод 16 — iodine

К
кака́о 15 — cocoa
кана́л 7 — channel
кани́кулы 15 — school holidays
ка́рие (глаза́)18 — hazel, brown
ка́рта 1 — map
ка́сса 3 — ticket office, cashier
ката́ться 14 — to ride, to go for pleasure
  на велосипе́де — cycling
  на конька́х — skating
  на ло́шади — horse riding
  на лы́жах — skiing
ка́тер 12 — motor-boat
кашта́новый (во́лосы) 18 — chestnut, coloured (hair)
квас 15 — kvass
кекс 15 — cupcakes
кизи́л 14 — cornel
кино́ 1 — cinema
Кита́й 8 — China
кита́йская 8 — Chinese
клубни́ка 14 — strawberries
ключ 5 — key
ко́жа 16 — leather
колба́сное ассорти́ 15 — sausage assortment
коле́но 17 — knee
кольцо́ 20 — ring
командиро́вка 8 — business trip
коне́ц 17 — end
конве́рт 16 — envelope
конкуре́нты 21 — competitors
конча́ться 15 — to finish
кора́бль 12 — ship
корена́стый 18 — thickset, stocky
кори́чневый 7 — brown
коро́ткий 17 — short
кот 1 — Tom-cat
кошелёк 17 — wallet, purse
ко́шка 3 — cat
кре́пость 3 — fortress
кру́жка 13 — glass for beer
крыло́ 17 — wing
куро́рт 13 — resort

ку́ртка	jacket
купе́ 13	compartment (in a train)

Л

лёд	ice
лежа́ть 10	to be lying
лейкопла́стырь 18	sticking plaster
лека́рство 12	medicine
лён 16	flax
лес 3	forest
лета́ть	to fly
ло́дка 12	boat
ло́ндонец 9	Londoner
ло́шадь 17	horse
люби́мый 14	favorite
любова́ться 14	to admire
любо́вь	love

М

магнитофо́н 3	tape-recorder
мак 1	poppy
мали́на 14	raspberries
мандари́н 15	tangerine
ма́рка 8	stamp
междунаро́дный 14	international
меня́ть 17	to change
ме́стный 13	local
ме́сто 5	place
мече́ть 3	mosque
ми́нус 6	minus
мо́жно 10	may, can possible
молодёжь 20	youth
моро́женое 15	ice-cream
моро́з 15	frost
мост 3	bridge
мыс 17	cope
мышь 1	mouse
мясно́й 15	meat (adjective)
мяч 17	ball

Н

наде́ть 16	to put on
назва́ние 13	name
называ́ться 14	to call
напи́тки 15	beverages
нарко́тик 12	drug
на́сморк 18	cold
настрое́ние 13	mood
находи́ться 12	to be situated, located
начина́ть(ся) 15	to start
недалеко́ от 8	not far from
нельзя́ 10	it is impossible / it is not allowed
неожи́данный 21	unexpected

нести́ 20	to carry
ни ра́зу 10	not once, never
новосе́лье 13	house warming party
нож 12	knife
но́жницы 12	scissors
но́мер 1	number
носи́ть 16	to wear

О

обе́д 4	lunch
обижа́ться 21	to take offence (at)
обме́н валю́ты 13	exchange
обойти́ 19	to go around
образе́ц 17	example
обра́тно 15	back
обсужда́ть 2	to discuss
о́бувь 16	footwear
объединя́ть 20	to unite
объе́хать 20	to go around
объявле́ние 21	announcement
объясня́ть 11	to explain
о́вощи 4	vegetable
овощно́й 15	vegetable (adjective)
ого́нь 20	fire
один из лу́чших 17	one of the best
о́зеро 17	lake
Олимпиа́да 4	Olympic games
опя́ть 13	again
оре́х 6	nut
остано́вка 12	bus stop
о́стрый 7, 21	hot, spicy, sharp
откры́тие 20	opening
откры́тка 16	postcard
отту́да 19	from there
отчёт 17	report
очки́ 9	glasses

П

па́лочки 14	chop-sticks
па́мятник 3	statue, monument
па́пка 2	file, folder
пар 21	steam
па́ра 5	couple
паро́м 12	ferry-boat
Па́сха 15	Easter
па́чка 13	pack
певе́ц 2	singer
пельме́ни 15	pelmeni (Siberian)
пе́пельница 2	ashtray
пе́рвый 15	first
перее́хать 15	to move
перейти́ 19	to go across
перекрёсток 14	crossroad
перемеша́ть 15	to mix

петру́шка 15	parsley	предлага́ть 13	to suggest, to propose
печь 15	to bake	предложе́ние 6,13	sentence, offer
пиро́г 15	pie	предпочита́ть 13	to prefer
пиро́жное 15	small cake	прекра́сный 9	wonderful
пирожо́к 17	pastry	пре́мия 18	bonus
письмо́ 5	letter	преподава́тель 3	teacher
пить 10	to drink	привезти́ 16	to bring
пла́вать 14	to swim	приглаше́ние 10	invitation
пла́тье 10	dress	прие́м 3	reception
плечо́ 17	shoulder	принести́ 12	to bring
плюс 6	plus	про́бка 12	traffic-jam
по вечера́м 19	in the evenings	проводи́ть 20	to conduct
(по)ре́зать 15	to cut	проводни́к 13	conductor (in a train)
побере́жье 13	coast	провожа́ть 15	to see off, accompany
повтори́ть 16	to revise	прогно́з 13	forecast
поджа́рить 15	to roast	продаве́ц 16	salesman
пода́рок 12	gift	проду́кты 5	products (food)
подво́дное пла́вание 21	diving	прое́хать 20	to pass by
поднима́ть 20	to rise	проли́в 14	strait
подойти́ 19	to approach	пропада́ть 21	to be missing
подписа́ть 14	to sign	про́пуск 17	pass, badge
подъе́хать 20	to approach	проспе́кт 3	avenue
по́езд 12	train	прохла́дно 6	cool
пое́здка 12	trip	проходи́ть 11	to take place
пожа́рный 4	fire (adjective)	путеше́ствовать 15	to travel
пожела́ние 21	wish		
пожило́й (челове́к) 21	elderly (person)	**Р**	
позвони́ть 13	to call	рабо́тать 5	to work
поздравля́ть 13	to congratulate	рабо́тник 13	employee
познако́мить(ся) 5	to meet	разгово́р 8	conversation
показа́ть 4	to show	разме́р 8	size
поку́пки 14	shopping	райо́н 8	district
по́ле 17	field	ра́но 12	early
по́лный (фигу́ра) 18	plump, full, overweight	расписа́ние 13	schedule, timetable
положи́ть 15	to put	ре́дко 15	seldom, rare
полуо́стров 15	peninsula	режиссёр 12	stage-director
получа́ть 16	to get, to receive	рейс 13	flight (in the airport)
получи́ть 10	to get, to receive	река́ 8	river
получа́ть удово́льствие 13	to enjoy	реше́ние 13	decision
		реши́ть 13	to decide, to solve
по́мощь 10	help	рису́нок 14	pattern
попра́виться 16	to gain weight	роди́ться 20	to be born
попро́бовать 14	to try	родно́й 14	native
посети́тель 17	visitor	ро́дственники 21	relatives
посо́л 17	ambassador	Рождество́ 8	Christmas
посо́льство 3	embassy	рост 18	height
поступа́ть (в шко́лу, университе́т) 21	to enter (to the university)	ро́стбиф 15	roast beef
		рука́в 17	sleeve
		ру́сый (во́лосы) 18	light-brown (hair)
похуде́ть 16	to lose weight	ры́бный 15	fish (adjective)
по́чта 3	post office	ры́жий (во́лосы) 18	red (hair)
поэ́тому 9	therefore	ры́нок 4	market
пра́вило 11	rule	ря́дом 10	beside
пра́здновать 15	to celebrate		

С

сад 3	garden
самолёт 7	airplane
самока́т 12	scooter (Child's)
са́мый 13	most
све́жий 16	fresh
све́рху 19	on the top
свети́ть 6	to shine
светофо́р 3	traffic light
свини́на 15	pork
свобо́дный 13	free
се́вер 3	North
седо́й (во́лосы) 18	grey (hair)
се́рый 7	grey
сквер 3	public garden
ски́дка 16	discount
ско́ро 12	soon
ско́рый 12	fast train
ску́чный 7	boring
сла́дкий 14	sweet
сле́ва 3	on the left
сли́ва 15	plum
сли́вочный (моро́женое) 15	vanilla
сморо́дина 15	currants
снача́ла 12	at first
Снегу́рочка 15	Snow maiden
соба́ка 3	dog
собира́ть 13	to pack
собо́р 3	cathedral
собра́ние 5	meeting
собы́тие 3	event
сове́т 10	advice
совреме́нный 7	modern
соединя́ть 14	to connect
соля́нка 15	solyanka (a sharp-tasting soup)
сон 17	dream (at night)
соревнова́ние 20	competition
сосе́д 3	neighbor
спирт 18	alcohol
спра́ва 3	on the right
спра́шивать 10	to ask
сро́чно 16	urgently
станови́ться/стать 14	to become
стари́нный 9	ancient
статья́ 10	article
столо́вая 12	canteen
сторона́ 17	side
стоя́ть 10	to stand
страна́ 7	country
страни́ца 14	page
стре́лка 17	arrow
стри́чься 19	to cut hair
стро́ить 14	to build
сты́дно 18	ashamed
су́мка 13	bag / hand bag
сухо́й 15	dry
схе́ма 2	scheme
сце́на 10	stage
сча́стлив(а/ы) 18	happy

Т

табли́ца 2	table
тако́й 9, таки́е как 15	such as
тамо́жня 13	customs
та́нец 17	dance
те́сто 21	pastry
тетра́дь 5	exercise book
тётя 5	aunt
то́же 5	also
то́лько 9	only
тон 16	tone
торгова́ться 14	to bargain
торго́вый 14	trade
тот, та, то, те 19	that, those
тренажёр 17	sport-machine
тру́дности 21	difficulties
тума́н 6	mist, fog
ту́мбочка 2	file-cabinet
туре́цкий 8	Turkish
Ту́рция 8	Turkey

У

уважа́ть 20	to respect
уве́рен(а/ы) 15	be sure
увлека́ться 14	to be keen on
у́гол 3	corner
у́голь 14	coal
угоще́ние 15	treating
уже́ 8	already
уйти́ 19	to leave
украше́ние 15	decoration
укро́п 15	dill
у́ксус 21	vinegar
у́личное движе́ние 12	traffic
универма́г 3	department store
успе́шный 20	successful
уста́ть 16	to be tired
усы́ 18	mustash
у́тка 15	duck
уходи́ть 16	to leave
уча́ствовать 20	to take part in
учить 11	to learn
учи́ться 11	to study
ую́тный 9	cosy

Ф

фарш 21	mince
филиа́л 19	branch
фру́кты 4	fruits
футбо́лка 18	T-shirt

Х

химчи́стка 14	dry cleaning
хло́пок 16	cotton
хозя́ин 14	owner
холоди́льник 4	refrigerator, fridge
худо́жник 14	artist

Ц

цвето́к 6	flower
це́рковь 3	church
цирк 3	circus

Ч

час пик 12	rush hour
часы́ 6	clock
ча́стный 21	private
ча́сто 11	often
часть 14	part
чемода́н 13	suit-case
че́рез неде́лю 13	in one week time
че́рез 15, 17	through ,across
чере́шня 14	sweet cherry
чесно́к 21	garlic
че́стный 21	honest
чи́сто 15	clean
чи́стый 8	clean
что́бы 17	in order to
что́-нибудь 16	anything
что́-то 16	something

Ш

шахмати́ст, шахмати́стка 2	chess player
ша́хматы 8	chess
шёлк 16	silk
шерсть 16	wool
широ́кий 10	wide
шкаф 3	cupboard
шни́цель 15	schnitzel
шпиль 17	steeple
шта́ты 13	states
шу́мный 15	noisy
шути́ть 15	to joke

Щ

щека́ 18	cheek
Щелку́нчик 15	Nutcracker
щётка 18	brush
щи 1	cabbage soup

Э

экра́н 4	screen

Ю

юбиле́й 1	jubilee
юг 20	South
юри́ст 2	lawyer

Я

я́года 14	berries
Япо́ния 1	Japan
я́ркий 15	bright (adjective)
я́рко 15	bright
я́хта 1	yacht